月曜日がつらい先生たちへ

不安が消えるストレスマネジメント

東京都教職員互助会 三楽病院
精神神経科部長
真金薫子

時事通信社

はじめに

今日、教師は過大なストレスを抱えています。思った通りになるとは限らない学級経営や生徒指導、処理しなければならない大量の書類、忙殺されている最中にも要望を訴える保護者、そして何かと気を遣う職場の人間関係……。イライラがピークに達し、限界を超えそうな日々を送っている人も少なくないのではと感じています。

そうした方々の多くは、こんなふうに思っているのではないでしょうか。

「自分だけが大変なんじゃない。大変なのは、みんな一緒」

「子どもたちのために、頑張らないと！」

「自分がここで投げ出すわけにはいかない。なんとしても乗り越えなくては」

「民間企業だって大変。甘えてちゃダメ！」

こう考えて自分自身を叱咤激励し、つい無理を重ねてしまう……。そうした人が多いのではないでしょうか。

教育活動がうまく回っている間はやりがいを感じ、多少忙しくても疲れは吹き飛ぶことでしょう。しかしながら、何かの拍子で歯車がずれ始めると、すべてが暗転します。楽しかったはずの教材研究にも興味が持てず、仕事の準備に手をつけようにも、不安で考えがまとまらない。指導に行き詰まり、自信がなくなり、子どもの前に立つことさえも苦しくなる……。それまで「やりがい」や「生きがい」だったもののすべてが、つらくなってしまうのです。

そして、一度そうした状況に陥ると、日々の忙しさはますます教師を追い込むことになります。周囲も忙しいので、ＳＯＳを出すわけにもいかずに孤立し、たまる一方の仕事を前に授業も校務も立ちいかなくなる。するとさらに児童生徒や保護者、同僚との関係悪化を招く……。そして、皆がぎりぎりで頑張っている現場で、一人が不調に陥ると、回らなくなった業務のしわ寄せは周囲の負担となり、さらに不調者が増えていく。そんな悪循環が容易に成立してしまうことでしょう。

私が勤めているのは、東京都千代田区にある三楽病院という総合病院です。東京都教職員互助会が運営主体となっていることから、来院者の多くは、教師やその家族などです。中でも精神神経科は、「心の病」になった教師が初診だけでも年間２００人以上に上ります。おそらく、日本で最も多くの教師が訪れる精神科といえるでしょう。

私はこれまで、2000人以上の教師を診察してきました。その中で感じたことの一つは、教職は仕事内容そのものが、ストレスと隣り合わせだということです。そして、このことは、教師であれば誰一人例外ではないと思います。これまで診療の場で会った教師たちは、個性もキャリアも、仕事に向かう姿勢も、周囲からの評価も、千差万別でした。「こんな人だから病気になった」ということは、まずもって言えない、というのが実感です。

忙しさとストレスにさらされた現代の教師は、誰もが「心の病」になるリスクを抱えているのです。東京都教職員総合健康センターでも、臨床心理士が受ける電話相談件数は、年々増え続けています。病気で休んでいる人はもちろんのこと、不安を抱えながら勤務を続けている人からも、相談が寄せられます。

勤務を続けている人が、休んでいる人よりストレス状況が軽いとは限りません。出口の見えない教育課題、山積する仕事、こじれ切った職場の人間関係……こうしたストレス要因に長期間さらされ、いわゆるハイリスクな状態にある人も数多くいます。以前には、勤務中の中学校教師の3人に1人以上が、臨床的レベルの「抑うつ状態」にある可能性を示唆する、衝撃的な調査結果も発表されています。まさしく、明日はわが身なのです。

本書『月曜日がつらい先生たちへ』は、子どもたちのために必死に頑張り続けている先生方が、たとえ厳しい状況に置かれたとしても、メンタルヘルス不調に陥るのを「予防」し、あるいは「早期発見」により改善の糸口を見いだせるようにとの願いから執筆しました。

執筆に当たっては、診療の場から見た学校現場の特徴、不調に陥るパターン例としての事例、個人と職場のストレスマネジメントの方法など、できる限り幅広い情報を載せるよう努めました。気になるところを斜め読みするだけでも、何かしらのヒントが得られるのではないかと思っています。

教師は本来、子どもたちを健やかに育み、夢や希望を与える職業です。教師のメンタルヘルスが損なわれては、この機能を果たすことが難しくなります。その意味で、教師のメンタルヘルス問題は、子どもの教育環境づくりにつながるものといえます。また、メンタルヘルスを良好に保つ上で、組織的な取り組みが必要な課題も、少なくありません。

だからこそ、「ストレスマネジメント」は個人・職場の二つのレベルで実施していくことが重要です。本書には個人で行う「セルフケア」の他に、管理職が行う「ラインケア」についても解説しています。管理職の方々には、「教育活動の充実」や「子どもの健やかな成長」のために、そして、より良い「セルフケア」のためにも、ぜひ取り組んでいただきたいと思います。

人は、人から教育されなければ、一人前にはなれません。そして、幼い頃に受けた教育の影響は、生涯続きます。それだけに教師の影響力と責任は重大であり、今後どのように社会が変化しても、教職が人間にとって普遍的な価値を持つ職業であることに、変わりはありません。職業として教師を選んだ先生方が、誇りと希望を持って充実した教師人生を送られることを、心から願っています。

CONTENTS

第2章 「心の病」にはどのようなものがあるのか

第3章

事例解説！「心の病」になった先生たち

第4章 学校の先生にお勧めしたいストレスマネジメントアラカルト

第7章 学校の先生が知っておきたい職場復帰の基礎知識

装幀・本文デザイン／辻井 知（SOMEHOW）
カバー・本文イラスト／おおたきまりな
制作協力／株式会社コンテクスト

第1章

やりがい転じてストレス化しやすい学校現場！

多様な人間関係が繰り広げられる学校現場特有の事情から、教師はストレスを受けやすい環境に置かれています。そしてこれは、精神疾患の発症にも影響しています。この章では、これまで数多くの教師を診察してきた経験を基に、教師がなぜストレスを抱えやすいのか、診療の場から見える学校という職場の特徴について解説していきたいと思います。

私が三楽病院に赴任したのは1998年。栃木県黒磯市の中学校で、女性教諭が生徒に刺殺されるという衝撃的な事件が起きた年でした。当時、すでに教師の精神疾患は、大きな社会的関心事となっていました。ちょうど「学級崩壊」という言葉が広まり、「モンスターペアレント」という言葉が巷で話題になるなど、子どもたちの多様化や学級経営の難しさへの認識が高まり始めた時期です。また、「学校週5日制」や「総合的な学習の時間」が導入されるなど、学校教育が大きな変革期を迎えていた時期とも重なります。

当時（1998年度）の調査データを見ると、精神疾患で休職している公立学校教員の数は、全国で1715人でした。その5年前の1993年度頃までは年間1100人台で推移していましたので、ちょうど休職者が増え始める時期に差し掛かっていました。その10年後の2008年には、休職者が3倍以上の5400人にも膨れ上がり、この頃には「心の病にかかる先生が増えている」との話題が、教育関係者の間でしきりと交わされるようになりました。翌2009年度には5458人と、休職者数がピークに達します。

それから数年間は5000人前後で推移し、直近の2016年度は全国で4891人となっています。過去10年では最も少なくなりましたが、全病気休職者に占める割合が63・0％にも上るなど、依然として問題は深刻です。

教育職員の精神疾患による病気休職者数の推移

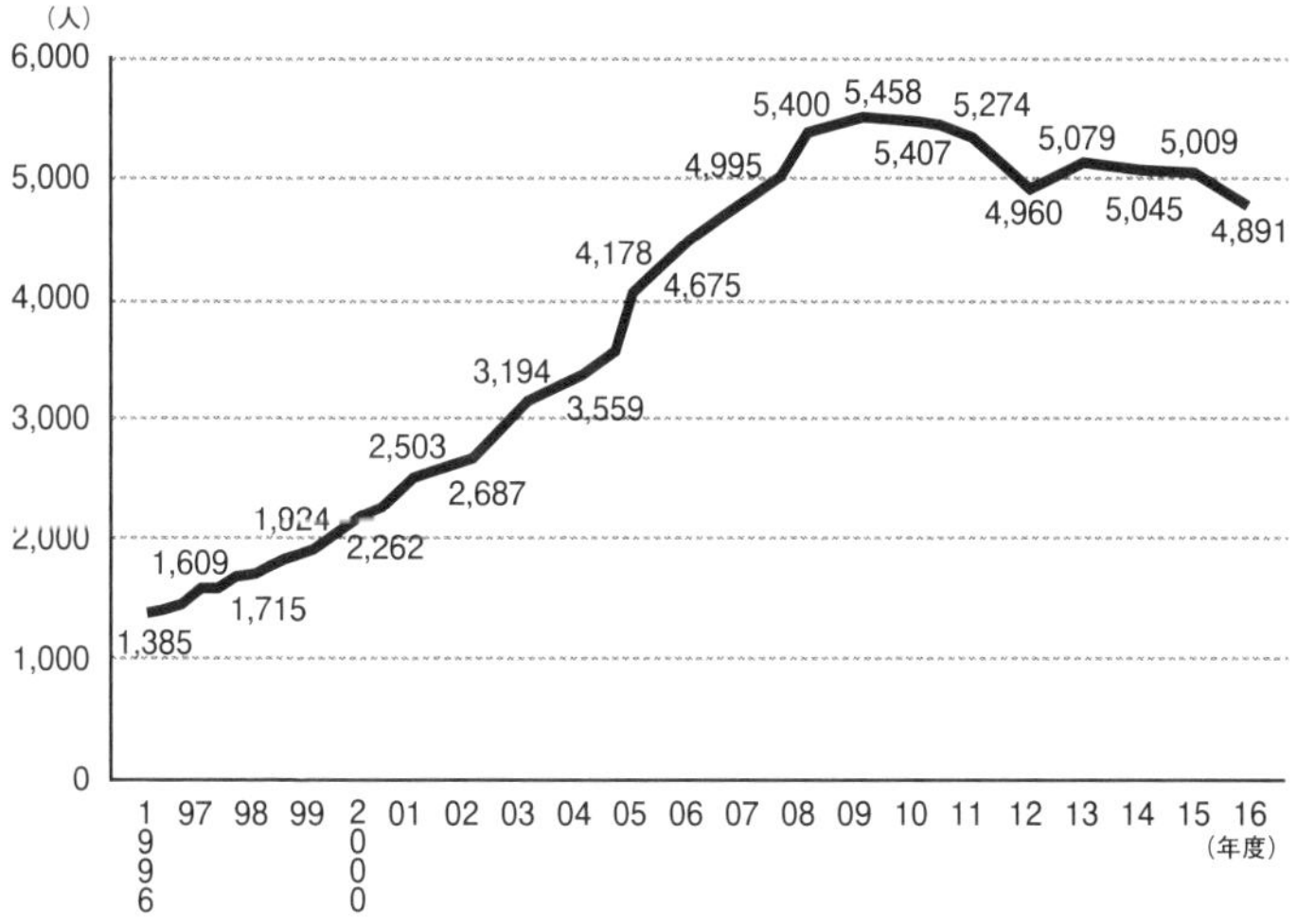

※文部科学省「公立学校教職員の人事行政状況調査」より作成

今回の調査では、初めて「１カ月以上の病気休暇を取得している人」を含めた数も発表され、全病気休暇・休職者の48％に上る８０７１人となりました。全教員に占める精神疾患での休暇・休職者は０・88％、１２０人に１人程度ですので極端に多いとは言えないかもしれません。しかし、精神疾患では約6割が「病気休暇」の期間を超えた「病気休職」者であり、身体疾患に比べて休みが長期化しやすい状況が浮き彫りになりました。

現実に、教員数１００人を超えるような大規模校で同時に３〜４人の休職者がいる学校もあれば、20人足らずの小規模校で複数人が休んでいる学校もあります。１人でも不調者や休業者が出ると、教育活動への影響はもちろん、周囲の教師にも負担が及びます。保護者は学校体制への懸念、時には不信を抱くこともあり、一人の教師のメンタルヘルス不調が、児童生徒、同僚、管理職、保護者を巻き込んで、さまざまな問題が雪だるま式に膨らむこともまれではありません。

なぜ、多くの教師が精神疾患に陥ってしまうのか。背景には、学校という職場の特殊性があると感じています。まずは、診療の場から見えた教師という職業の「特徴」について、述べていきたいと思います。

特徴1 「人間関係ばかり」の職業

過去のアンケート調査等を見ると、勤労者一般にとっての「仕事上のストレス」の第1位はおおむね「職場の人間関係」で、全体の4割近くに上ることが多いようです。仕事を離れた「プライベートのストレス」を見ても、経済的な問題や健康問題を除けば、「家族との関係が悪い」「友人間でトラブルを抱えている」など、人間関係の問題が大きなストレスとなっていることが分かります。

人間関係のこじれは気持ちの切り替えが難しく、いつまでも心に残るものです。うまくいっていない相手と顔を合わせると、その都度ネガティブな経験が思い出され、さらにストレスが強まります。その結果、ますます悩みは深まり、それがまたストレスとなって蓄積します。こうして人間関係の悩みがどんどん膨らみ、強大なストレスとなった結果、メンタルヘルス不調に陥ることもあります。

その点で、教師ほど、「人間関係ばかり」な職業はありません。教室では児童生徒と向き合い、その背後にいる保護者とも上手にコミュニケーションを取っていかなければなりません。職員室に戻れば管理職や同僚がいます。加えて、これらすべての人間関係が、互いに絡み合っています。最も比重が大きいのは、言うまでもなく「児童生徒」ですが、そこを中心に、保護者や同僚・管理職などとの関係が、相互に影響し合っているのです。

児童生徒との関係がこじれれば、保護者との信頼関係にもひびが入ります。それとは逆に、児童生徒の家でのちょっとした言動がきっかけで、保護者が教師に不信感を持ち、そこから児童生徒との関係が悪化することもあります。

また、児童生徒や保護者との関係がこじれ気味のときほど、同僚・管理職との関係性の善しあしがメンタルヘルスに大きな影響を与えます。もともと職場で信頼関係が醸成できていればよいのですが、関係性が不良もしくは疎遠だったりすると、同僚・管理職のちょっとした態度や発言が冷たく感じられたり、助言や指導が強いプレッシャーとなったりします。実際に、同僚・管理職が教師本人を批判したり、非難することもあります。時には、児童生徒や保護者の目の前で、同僚や管理職が教師本人を叱責・非難することもあります。すると、その教師に対する周囲の信頼はますます低下し、児童生徒、保護者、同僚・管理職のすべてから孤立してしまうような状況に陥ります。

管理職が、保護者の前で教師本人を叱責するのは、あるいは保護者の懐柔を意図して戦略的に行う場合が多いのかもしれません。もし、常日頃から教師＝管理職の信頼関係が強固で、かつ事前に打ち合わせておけば、教師もその場では恐縮しつつも、面談後に気持ちを立て直せる可能性があるでしょう。しかし、日頃の関係性がそこまで安定していない場合、保護者の前での叱責は大きなショックで、教師としてあるべき姿を見失うきっかけにもなりかねません。実際、そうした状況に直面した教師が、その直後に病院へ駆け込んでくるようなケースも時折あります。

管理職が、児童生徒の前で教師を叱責する場合、「子ども第一に考えて思わず介入したら叱ってしまった」ということもあるのではないかと思います。しかし、人前での叱責は一般の社会人でもしこりを残すことが多く、教師の場合は本人はもとより、その教師の指導を受ける児童生徒の心情にも影響することでしょう。子どもの前で叱責してしまった場合は、その場で教師へのフォローを入れるなどした方が、教師のみならず児童生徒のためにもなるだろうと思います。

そして、その場のフォローだけで教師本人が気持ちを立て直せるかは分かりませんので、教師個人へはさらに事後のフォローをしっかりとすることも大切だと思います。

特徴2 学校独特の職場風土〔人間関係編〕

人間関係に取り巻かれ、それだけにストレス因となり得る要素の多い学校現場ですが、「業務そのものが人間関係」であることの難しさも、教職特有のストレスのもととなっています。

農林水産業や製造業などは、農作物や魚介、製品など、人ではない何らかの物品を、収穫したり作ったりすることが仕事です。そこには「物を作る」「収穫する」という目的があり、その過程に人間関係は付随しますが、それ自体が本来の目的というわけではありません。第三次産業の場合も同様で、そのほとんどが物品や情報、金銭など、人間以外の要素のやり取りを目的としています。

つまり、やり取りをする相手が人間なのであって、人間自体が「対象」ではありません。そのため、たとえ仕事上の人間関係で悩んだとしても、仕事中は本来の目的であるモノやコトに、視点を移すことができます。

例えば、仲の悪いAさんとBさんが、あるビルの工事を同じチームの中で担当することになったとしましょう。その時、どんなに嫌いな者同士でも、建てるべき「○○ビル」という同じ一つの具体的な目標は、共有することができます。また、仕事をする過程では、どの資材を使うか、工程はどうするか、現場をどう仕切るかなど、さまざまな課題と向き合い、決定して前へ進めなければなりません。もし、意見が食い違ったとしても、結論が出ればその方針に従います。途中、取引先等とトラブルが起きれば、AさんもBさんも利害を共にする運命共同体として、日頃仲が悪くてもお互いをかばい合います。そして最後には、共同作業の成果が形となって現れます。自分たちの努力が実を結び、目の前に形となって現れれば、多少気に入らない相手に対しても「まあ、あいつも頑張ったよな」などと気持ちがほぐれることもあるでしょう。

一方の学校はどうでしょうか。教師の仕事の対象は、人間である「児童生徒」です。加えて製造業のように、同じ目標に向けて共同作業をする機会もまれです。協働する場合でも独立性が比較的高いままです。特に高校などでは顕著で、「うちの学校はまるで個人商店の集まりだ」という声を聞くことも、少なくありません。

仕事の直接的な対象である「児童生徒」は、教師の発した言葉以上にその本音を察し、人間性を見抜いて接してきます。子どもが相手とはいえ人間関係ですから、相手が本音を見抜いて本音で接してくれば、こちらも本音で向かわざるを得ません。そうして長時間、本音が隠せない場にいることで、本音を隠さず仕事をすることが、当たり前になります。この点が、普段「建前」でかわせる一般的な職場と違うところです。

まとめると、教職は他の職業に比べて個々人の独立性が高く、その分異なる意見をすり合わせる機会が比較的少なく、ほぼ常に「ありのままの、素の自分」があらわになる環境であることが、特徴といえるでしょう。自由度が高い半面、一人一人がバラバラになりやすく、孤立化しやすい状況にあります。一方で、常に本音で過ごし、素のままの人間性があらわになりやすく、このため職場の人間関係が情緒的で、良い面が現れれば家族的な温かさに包まれ、悪い面が現れれば社会人らしからぬ容赦なさが出てしまう傾向があるように思います。

職場内の人間関係で不調に至った教師を診ていると、どの人も心の傷が深く、表面的には回復しても職場に戻るのは不安、あるいは恐怖という人が珍しくありません。それは、こうした特有の職場風土が影響しているように思われます。

特徴3

多様化し、難しさが増している子どもへの指導

1998年頃のことですが、あるベテラン教師を診察したときのことが、今も印象に残っています。その先生は、異動したばかりの学校で児童との関係性がこじれ、いわゆる「学級崩壊」の状態に陥ってしまったことが原因で、心身のバランスを崩していました。指導力には定評も自負もあったその先生にとって、「学級崩壊」は初めての経験。子どもからも保護者からも反発される日々は、耐え難いものがあったことでしょう。

「これまでのやり方が通用しなくなった」

この頃から、そうした言葉を多くのベテラン教師から聞くようになりました。普通に指

導をしても、子どもたちが言うことを聞いてくれない。子どもの懐へ飛び込もうとしても、心が通じ合わない。「話せば分かる」と信じてきたことが、根底から崩れてしまったようでした。

異動1年目、経験を買われて難しい学級を任された先生が指導に行き詰まり、学校に行けなくなって病院を訪れる――その後も、同じような経緯をたどって病院を訪れる教師が、続々と現れました。こうした人たちの半数以上は、直ちに休業に入らざるを得ないほど深刻な状況でした。

それから20年近い歳月が経ち、生徒指導の難しさは、当時よりもさらに増しているのではと感じます。携帯電話やスマートフォンの普及に伴い、教師の知らないところで子どもが自覚の乏しいまま、トラブルの被害者や加害者となることもあります。また、「いじめ」問題については、「いじり」との境目が不明瞭で、以前よりも潜行して捉えにくくなっているとの話も聞きます。

発達障害などによる配慮を要する子どもたちの増加と、そうした子どもたちと周りの子どもたちとの間での、認識のずれによるトラブルも増加しています。また、風習も文化的背景もまったく異なる外国籍の子どもが増え、子どもや保護者との意思疎通に悩まされることもあります。さらには、教師に対してまったく信頼感のない子どもや無反応な子ども、悪意を持って他人を陥れようとする子どもなどもいると聞きます。そうした子どもたちに対し、「教師としてせめてこれだけは何とかしたい」と思って関わり、力尽きてしまう人もいます。倒れる教師の背後にいる子どもたちの心の危機も、とても気がかりです。

保護者への対応も難しさが増しています。日常的に多いのは、比較的些細な、ちょっとした「お願い」のような要望ではあるものの、集団指導を旨とする学校としては対応が難しい、というケースです。服に例えれば、「フルオーダーは求めないけど、一部お直しをお願いしたい」みたいな感じでしょうか。学校体制について保護者の理解と納得を得るにはそれなりの時間とエネルギーを要するので、多忙な中で積み重なれば大きな負担感になります。

中には、わが子への愛情の行き過ぎからか、驚くような要望をしてくる保護者もいます。時には、極端な行動に出る保護者もいて、その場合は本当に大変です。実際に「暴力を振るわれた」とか「何時間も学校に居座って罵倒され続けた」などの、犯罪的なものもあります。

そこまで極端な例は滅多にないとしても、学校と保護者の思いのすれ違いからトラブルに発展するケース、文化的背景の違いから対応に苦慮するケースなどは、今後も現場の課題であり続けることでしょう。残念なのは、トラブルが発生してこじれる過程で、徐々に保護者と学校との大人同士の対立だけが、目立ってくるケースが多いことです。保護者も学校も、立場は違えど子どもの健やかな成長を願っている点では、同じはずです。それなのに、すれ違いが長引くにつれて、立場の違いが先鋭化してしまうのです。

一般的にトラブルが起こると、第三者が介在した方が解決につながりやすいものです。大人同士の対立が、いずれは独り立ちする子どもの成長を阻害しないよう、学校と行政の経験知とともに、スクールロイヤーなどの制度が整備され、個々のケースに適切な対応が速やかになされることを期待したいと思います。

特徴4

学校独特の職場風土【業務内容編】

以前、ある地域の教頭先生が作成・提出する教育委員会宛の書類は、年間2000件に上るとの話を聞いたことがあります。

その約10年後、別の教育関係者から、「教員の事務量が10年前の2・5倍になった」との話を聞きました。仮に教頭先生も同じであるとすると、年間５０００件、１日平均25件という驚くべき量の書類を処理していることになります。

教頭先生に限らず、一般の教師も実にさまざまな書類を日々処理しています。事務処理の時間が増えれば、当然、子どもと触れ合う時間、授業準備に割ける時間は減少するわけで、そうした状況が学級経営を難しくし、教師としてのやりがいを阻害している側面もあるでしょう。

学校現場の特徴の一つは、書類の多さもさることながら、組織運営に必要なあらゆる業務のほぼすべてを、数名の事務職を含む教職員のみで分担していることです。ある程度の規模の民間企業なら、制作部門や営業部門の他に総務部や経理部などの管理部門があります。そして、制作部門にいれば、総務や経理の仕事には携わりません。営業活動で得意先を回ったついでに集金をするということも、基本的にはありません。たまたま内勤のときに、オフィスのエアコンが壊れたからといって、自分で点検・修理をするなんてこともないでしょう。さらに言えば、営業で外回りをする人が、使う書類をすべて自分で作成するようなことも通常はありません。

一方、学校はというと、指導書や市販の教材があるとはいえ、使用する教材の多くを教師自身が作成しています。これら教育活動に直結する業務であれば、もちろんやる意味や必要性も分かりますが、修学旅行の積立金や給食費の集金・管理など、部外者から見れば「専門職の教師がすべき仕事なの？」と首をかしげたくなる仕事も少なくありません。しかし、現実に、小中学校には事務職員が１人、多くて２人ほどしかいませんので、教師自身がせざるを得ない状況があります。

こうして見ても、教師の仕事が学習指導に始まり生活指導等の幅広い分野に及ぶばかりでなく、組織的な特性によって多様な事務仕事もやらざるを得ない状況に置かれていることが分かります。一昔前に比べて、学校が担う教育活動が膨張・多様化している中で、昔ながらの人員配置は限界にきているのではないでしょうか。

最近は、教師の過重業務が大きな社会問題としてクローズアップされ、学校を「ブラック企業」になぞらえるような報道も散見されるようになりました。実際、月の残業が80時間以上の「過労死ライン」に達している教師は数多くいます。日々の多岐にわたる仕事があまりにも多く、「授業をしている時間が自分にとっては一番落ち着ける息抜きの時間だ」という人もいます。

その一方で、必ずしも忙しくない、定時で仕事のすべてを終えられる学校や教師もいないわけではありません。ほぼ全員が残業を余儀なくされている学校もあれば、定時で帰る職員がほとんどの学校もあります。要因はさまざまでしょうが、この点を詳しく分析すれば、多忙化解消のヒントが見つかるのかもしれません。

メンタルヘルスの観点でより深刻なのは、同じ校内で業務負荷の偏在が見られるような場合です。同じ組織内で忙しさに差があると、職場の雰囲気が悪化します。過重労働や職場内の業務量不均衡などの労働環境は、多忙な教師のストレスをより増大させ、精神疾患発症のリスクを高めます。

目を転じて、そうした現場の課題を解決するべき立場にいる教育委員会を見ると、学校以上に多忙で、過重労働が常態化しています。先日は、教育委員会の女性職員が勤務中に倒れて病院に搬送され、そのまま亡くなったという痛ましい出来事もありました。「明日はわが身。他人事ではない」と危機感を覚えた教育委員会職員は、全国に多数いたのではないでしょうか。

教育委員会の多忙化も年々進行している印象があり、このままでは学校の過重労働改善が実を結ぶ以前に、教育委員会の職員がつぶれてしまいそうです。まずは行政自身から、働き方の改革が実現することを願っています。

特徴5
学校も例外ではない「ジェネレーションギャップ」問題

ここ数年、都市部を中心に、若手教師が増えています。いわゆる「団塊の世代」の大量退職後、多くの自治体が新任教師の採用を増やしているからです。以前は40代、50代が多かった都市部の教師の年齢構成が、ここ数年で急速に20代、30代が中心に切り替わりつつあります。その結果、一部の学校では、職員室の年齢構成が20代の「若手」と50代の「ベテラン」に偏り、30～40代の「中堅」層が薄くなっています。

こうした不均衡な年齢構成は、職場のコミュニケーション上の難しさをはじめ、多くの問題を生んでいます。

若手が増えれば、ベテランはそのフォローをする機会が増えます。時に、授業や生徒指導の支援をしたり、トラブルの処理に力を貸したりすることもあるでしょう。若手が知恵や技能を吸収し、成長してくれれば報われますが、現実には経験・キャリアに開きがあり過ぎて、自身の実践を若手にうまく伝えるのは難しいものがあります。

ベテラン教師からは、こんな嘆きもよく聞きます。

「『大丈夫です。できます』と言って質問してこない。後で間違っていると『何で教えてくれなかったんですか』と人のせいにする」

「『分かりました』と言うけど、次のときにも同じ間違いをする」

こうした話を聞いても、職員室の中の世代的な隔絶から、職場のコミュニケーションがスムーズにいかない状況がうかがわれます。


職員室に、中堅世代がいれば、こうしたコミュニケーションの問題はかなり改善されると思われます。中堅世代は、自分が若手だった頃の記憶がまだ残っているので、若手がどんなことに戸惑い、何を疑問に思うかが分かるため、うまく説明することができるからです。

中堅世代は、若手から見れば質問しやすく、ベテランから見れば話せば通じる、頼もしい存在です。運良く、若手・中堅・ベテランが揃い、年代のバランスが取れた学校であればよいのですが、現実にはそうでない学校がたくさんあります。

もう一つ難しいのが、中途採用教師とのコミュニケーションです。年齢的には若手とは言えないけど、教師経験はほとんどない。そんな人に対し、見た目の落ち着きと経験のなさとのギャップから、本人も周囲の教師も戸惑いがちです。少なくとも初任校での3年目くらいまでは、双方が共に、「若くはない、若手」として認識した方がよいのではないかと思います。

特徴6 教師が持ちやすい思考パターン

認知が偏り、うつに陥りやすい思考パターンというものがいくつかあります。その一つが「〇〇すべきだ」「〇〇すべきでない」「〇〇でなければならない」「〇〇であってはならない」という考え方で、「べき思考」と呼ばれています。

教師は人を指導する職業なので、日頃からこうした態度を取るべき場面が多く、普段から「べき思考」に馴染んでいる部分があります。長年教職に就いていると、自然と身についていることがあり、ある意味「職業人格」と言えるかもしれません。

「自分は教師だから、お手本にならなければならない」

「自分は教師だから、間違えてはならない」
「自分は教師だから、分からないことがあってはならない」
「自分は教師だから、子どもに弱い姿を見せられない」

こうした思考にいつも縛られていると、理想通りにいかない場合に、過度に落ち込んだり自分を責めたりしてしまいがちです。

「保護者からクレームを言われるなんて、教師として失格だ……」
「子どもに聞かれたことに答えられなかった。教師として情けない……」

そんなふうに思ってしまうかもしれません。

もちろん、多くの教師が職業への使命感や責任感、誇りを持っているからこそ、学校教育が成り立っている側面があります。一方で、そうした職業的思考が、教師自身をも追い込む「諸刃の剣」となってしまうのは皮肉なことです。「教師たるもの、かくあるべき考えを変えるなどして、いい加減になってはいけない」のはその通りですが、いつも同じ「べき」思考で無理を重ねると、いつかポッキリと心が折れてしまうかもしれません。教師として生きるべきとき以外には、ともすれば理想通りにいかない現実を見つつ、「良《い》い、加減」に考えてもよいのではないでしょうか。

思考の癖やこびりついた考えを止めるには、まずそのことに気づくこと、次に思考を入れ替えることです。その具体的な方法については、第4章で「気づく」ことの練習となる「マインドフルネス」と、思考を見つめ直す方法の一つである「コラム法」を紹介したいと思います。

Column 1

精神疾患による病気休職の状況

精神疾患による病気休職者数の推移は、15ページに示した図の通りですが、直近の2016年度のデータをもとに、属性別の割合を見てみます。

校種別（表1）では、中学校や特別支援学校がやや高く、高等学校はやや低くなっています。性別（表2）の差はさほどありませんが、年代別（表3）では働き盛りの40代で他の年代より高くなっていることが分かります。職種別（表4）では、管理職層よりも、子どもたちと直接関わる一般教員の方が高くなっています。

表1　校種別の状況

	精神疾患による休職者数	全在籍者に占める割合
小学校	2,205人	0.54%
中学校	1,366人	0.58%
義務教育学校	2人	0.21%
高等学校	695人	0.38%
中等教育学校	1人	0.06%
特別支援学校	622人	0.72%
計	4,891人	0.53%

表2　性別の状況

	精神疾患による休職者数	全在籍者に占める割合
男性	2,291人	0.51%
女性	2,600人	0.55%
計	4,891人	0.53%

表3　年代別の状況

	精神疾患による休職者数	全在籍者に占める割合
20代	634人	0.45%
30代	1,094人	0.56%
40代	1,282人	0.62%
50代以上	1,881人	0.58%
計	4,891人	0.57%

表4　職種別の状況

	精神疾患による休職者数	全在籍者に占める割合
校長	27人	0.08%
副校長等	85人	0.23%
主幹教諭等	80人	0.34%
教諭等	4,487人	0.59%
養護教諭等	137人	0.36%
その他	75人	0.33%
計	4,891人	0.53%

出典：文部科学省「平成28年度公立学校教職員の人事行政状況調査」

第2章

「心の病」にはどのようなものがあるのか

心の病にはさまざまな種類がありますが、教師に関していえば、最も多いのは「うつ病」と「適応障害」です。この章では、これら二つの精神疾患を中心に、発症のメカニズムや具体的な症状などを解説していきます。

01 うつ病

―「心の風邪」と呼ばれた代表的な心の病気

「心の病」と聞いて、多くの人が真っ先に思い浮かべるのは「うつ病」ではないでしょうか。うつ病は、「心の風邪」と呼ばれたこともある身近な精神疾患です。医療機関にかかるうつ病患者は、国内で年間100万人以上に上っていますが、診断を受けていない人も含めると500万人以上が罹患していると推定されています。また、全世界では3億人を超えるとも言われています。

日本では2000年頃から、テレビや書籍を通じて、広く知られるようになりました。しかしながら、うつ病の実際については、未だよく知らない人も少なくないようです。このため、自分や周囲の人がうつ病を発症するなど、いざ身近な問題となった場合にどうしたらよいか分からなくなり、過度に不安になったり、気がつかないうちに病状にそぐわない不適切な対応を取ってしまったりすることが、往々にしてあります。そこで、まずは具体的にどのような病気なのか、見ていきましょう。

●どのような病気か

うつ病は漢字で書くと「鬱病」です。「鬱」は「憂鬱」「鬱々」などに使われるように、気分が落ち込み、優れない様子を表します。うつ病の一番特徴的な症状は、気分の落ち込みです。しかしながら、日常的な落ち込みとは決定的に異なります。普段の気持ちの浮き沈みは、何か理由があって気が晴れないとか、うれしいことが起きると気分が変わるとか、気晴らしをすると気が紛れて少し気分が良くなるとか、数日、時には数時間や数十分単位で変化します。

「3日前に家族とケンカをして以来ずっと気が滅入っていたけど、友達と飲み会で盛り上がったら少し気が楽になった」

「同僚とうまくいかず悩んでいたので、バッティングセンターで思い切りバットを振ったら、ちょっとは気が晴れた」

「仕事でミスをして落ち込んでいたけど、お笑い番組を見て大笑いしたら気持ちが切り替わった」

そんな経験をした人もいると思いますが、うつ病の場合はそうはいきません。

「飲み会に行くのもおっくう……」

「体が疲れやすく、運動もできない、する気が起きない……」

「テレビもうるさくて見たくない……」

多くの場合、こうした状態になります。目安として2週間以上、ほぼ毎日落ち込んだ状態が続きます。特に、朝の気分が優れず、夕方以降は少し改善することがあります。

「うつ病の人を励ましてはいけない」ということはよく知られていますが、直接的な励ましの言葉だけでなく、気晴らしや気分転換の勧めが、本人にはプレッシャーになることもあります。たまに患者さんの周囲の人から、「気分を変えるような努力も必要ではないか」「じっとしているだけでは余計落ち込むのではないか」などの疑問を呈されることがありますが、症状が軽くなった時期を除けば、無理に気分転換を図ったり活動をしたりすることで具合が良くなるものではありません。


うつ病は、症状自体は日常生活で経験するものに近い性質のものが多いのですが、取るべき対応は通常とまったく異なる場合があるので、注意が必要です。

まれに、気分の落ち込み、すなわち「抑うつ気分」が目立たない、「仮面うつ病」と呼ばれるようなうつ病もあります。この場合の症状は「食欲が落ちて体重が減った」「だるい」「疲れやすい」など、身体の症状が中心となります。内科にかかっても不調の原因が見つからない人が、こうしたタイプのうつ病と診断されるケースも少なくありません。気分が落ちている自覚はなく、「微笑みうつ病」とも呼ばれます。

また、最近は「非定型うつ病」と呼ばれるうつ病の存在も指摘されています。「非定型うつ病」は過眠・過食などの症状がよく見られ、通常のうつ病とは逆に、夕方から夜にかけて気分が滅入る人が多くなります。対人関係に対して過度に敏感になり、周囲を責めるような言動が見られたり、好きなことや楽しいことには関心が持てたりと、従来のうつ病とは異なる特徴が見られます。

一方、「体が鉛のように重い」「イライラ感があまりに強く仕事が手につかない」などの症状が出るため、生活や仕事への支障は小さくありません。なお、従来型のうつ病の場合も、病気が軽くなってくると、「仕事は無理だが、趣味などの気楽な軽い活動ならできる」時期があります。

他に、うつ病の症状が見られる病気には、「躁うつ病」があります。過度に気分が高揚して活動性が高く、万能感に満たされる「躁状態」と、「うつ状態」を繰り返す病気です。最近では「双極性障害」と呼ばれることが多く、「躁状態」が比較的軽い場合は、「双極性障害Ⅱ型」と呼ぶこともあります。

また、身体の病気の一症状としてうつ病の症状が出ることもあります。この場合、身体の病気の治療と同時に、うつ状態の治療も行うことになります。

ここからは、典型的なうつ病について解説していきます。

●発症のメカニズム

うつ病は、過労や何らかのストレスがきっかけとなって発症するのが一般的です。しかしながら、これといったストレスが見当たらない場合や、昇進・結婚・新居への転居などの通常は喜ばしい出来事が引き金となって発症する場合もあります。うつ病になると何か「原因」を探したくなるものですが、明らかでない場合や、良い出来事が引き金になる場合もあるのです。

また、冬に多い「季節性うつ病」のように、日照時間の影響が考えられる場合もあります。

うつ病の発症原因は完全には解明されていませんが、脳で働く神経伝達物質の「モノアミン」と呼ばれるいくつかの物質が減少することによる、との説が有力です。

●主な症状

うつ病の主な症状は、「抑うつ気分」「興味と喜びの喪失」「活力の減退、疲れやすさ」とされています。

①抑うつ気分（気分の落ち込み）

最も典型的な症状は、気分の落ち込みなどの「抑うつ気分」です。悲しい気持ち、希望を持てない気持ちが、常につきまといます。何をしていてもつらく、重症化すると仕事や日常生活にも支障を来します。時にイライラ感を伴い、怒りっぽくなることもあります。

②興味と喜びの喪失

普通は楽しいと感じる活動にも喜びや興味を持てなくなります。何をやっても楽しめず、「むなしさ」が拭い去れなくなります。好きだった趣味もする気が起こりません。

③活力の減退

活力が落ち、疲れやすく、活発に動けなくなります。何をするにもおっくうで、ちょっとしたことに取り掛かる時間がかかってしまいます。時に不安感や焦燥感が強まり、居ても立っても居られない状態になり、動き回ってしまうことがあります。

④思考力・集中力・注意力の低下

集中力が低下し、本や新聞などの活字が読めなくなったり、人の話が頭に入らなくなったりします。受け答えが遅くなり、重症になるとできなくなります。ちょっとしたことでも判断や決断が下せず、迷うことが増えます。

⑤自責感

自分を責めやすくなります。何事につけても「自分が悪い」と考えるようになります。

⑥体調の変化

頭痛や腰痛などの体の痛み、めまい感、動悸、全身倦怠感、食欲低下、便秘など、さまざまな身体症状が現れます。そのため、当初は精神疾患だと気づかず、内科などの身体科を受診する人もいます。また、睡眠障害もほぼ必発で「寝つけない」「熟睡できない」「夜中に目が覚めてしまいなかなか眠れない」「普段より2時間以上早く目が覚めてしまう」

などが、しばしば起こります。

また、時に妄想が出ることもあります。「自分は取り返しのつかないことをしてしまった」「致命的な病気にかかっている」「破産してホームレスになるしかない」などは、うつ病の典型的な妄想パターンです。

このほかの重大な症状として、「死にたい気持ち」があります。「生きていても仕方がない」「生きる価値がない」「消えてなくなりたい」などの言葉が出てくることもあります。回復すればこうした気持ちは必ず消えますので、周囲の人間は本人の話を聞き、気持ちを受け止めた上で、今は病気であること、良くなれば必ずそうした気持ちが変わることを繰り返し伝え、「死なないでほしい」と伝えて死なない約束を交わすことが大切です。また、自殺の危険は、病気になり始めの頃と、ある程度良くなってきた回復期に多いとされています。

●なりやすいタイプ

うつ病になりやすい性格として、従来、次のようなタイプが挙げられてきました。

①真面目で几帳面

うつ病になりやすいタイプとして、最もよく挙げられるのは「真面目で几帳面」な性格です。何事も適当に済ませられず、徹底的にやり抜こうとするため、知らず知らずのうちに自分を追い込んでしまいがちです。また、思った通りにいかないときに、大きなストレスを抱えてしまいます。教師は職業柄、真面目で几帳面な人が多いので、注意が必要です。

②協調性が高い

「他人に合わせようとする」「周囲との摩擦を避ける」など、協調性の高い性格もうつ病になりやすいタイプとされています。周囲への気配りを忘れず、争いを好まず、不平不満をあまり出さない、いわゆる「良い人」なのですが、他人への過剰な気遣いから自分の気持ちを抑え過ぎていたり、トラブルが発生した際に過度に自分を責め、必要以上に責任を感じたりしやすいのです。相手との関係性を気にし、責任感が強いため、頼まれ事をされた際に断れないことも少なくありません。

しかしながら、こうした性格の人たちが必ずうつ病になるわけでも、それ以外の人たちが絶対ならないわけでもありません。ただし、うつ病になった人がこうした性格に当てはまる場合、落ち着いた頃に自分の性格や思考パターンを見つめ直してみると、その後の再発防止に役立つと考えられます。

●代表的な治療法

うつ病の治療法はいくつかありますが、ここでは代表的なものを三つほど紹介します。

①薬物療法

うつ病では、セロトニンやノルアドレナリンなどのモノアミンと呼ばれる神経伝達物質が減少していると考えられています。これらの働きを高めるのが「抗うつ剤」です。一般的に抗うつ剤は効果が現れ始めるまでに約2週間以上の期間が必要で、きちんと効果が出る十分量に増量するまでにはさらに時間がかかりますが、比較的高い確率で改善が見られます。ただし副作用の方が効果より先に現れます。特に飲み始めの頃には吐き気や胃の痛み、その後も眠気や便秘などの副作用が出る場合があります。

なお、抗うつ剤の効き目が出るまでの間など、必要に応じて比較的即効性があり不安を和らげる「安定剤」や、「睡眠導入剤」を処方することもあります。

②電気けいれん療法

頭に電極を付けて電気を流し、人為的にてんかん発作を起こす治療法です。脳の血流パターンの変化や脳内の代謝の変化、脳内神経伝達物質の働きの改善、神経栄養因子の増加による神経回路への影響などが、症状の緩和につながると考えられています。抗うつ剤が無効な難治性の場合や、うつ病のため飲食ができず衰弱する危険性が高い場合、自殺の危険が切迫している場合など、比較的症状の重い場合に実施されることの多い治療法です。

電気けいれん療法は、数日おきに合計6～10回程度、実施します。総合病院では、全身麻酔をして実際のけいれんを起こさないよう改良を加えた「修正型電気けいれん療法」を、パルス波治療器を用いて行うのが一般的です。電気けいれん療法の有効率は、薬物療法よりも高いとされています。

③精神療法

精神療法の中で代表的なものは、ストレスを受けた際の考え方を見直し、よりバランスの取れた思考や行動を実践できるようになることを目的とした認知療法・認知行動療法です。これらの治療は1対1の面接だけでなく、数人単位で行われることもあります。うつ病治療の場合は通常、薬物療法と併せて実施されます。ただ、認知療法を受けられる専門の医療機関はあまり多くないので、一般の精神科や心療内科を受診しつつ、書籍などを利用して一人で取り組む人もいます。

認知療法・認知行動療法では、さまざまな技法が用いられますが、その一つに「コラム法」と呼ばれるものがあります。つらい気持ちが起きたとき、具体的に「状況（何が起きたか）」「感じたこと（「絶望」「不安」「怒り」など）」「そのときの考え」「その根拠となる事実」「根拠として挙げたことと食い違う事実」などをノートに書き起こします。そうして、自分の思考パターンを客観的に把握し、バランスの取れた考え方を探り、心の変化を把握するものです。「コラム法」は、うつ病の再発予防という点でも効果的なので、第4章でも取り上げています。

その他の治療法として、電気の代わりに磁気を用いて電流を起こす「経頭蓋磁気刺激法」、自分の感情に目を向けつつ身近で重要な対人関係の改善を図る「対人関係療法」などがあります。

なお、うつ病の治療で、中心となるのは薬物療法です。時折、「カウンセリングだけで治したい」と言う人がいますが、効果的なカウンセリングをするには、それに耐え得るだけのエネルギーが必要です。軽症の場合を除き、エネルギーが落ちているうつ病をカウンセリングだけで治すのは難しいものがあります。

また、重症の場合は、入院治療が必要になることもあります。日常生活への支障が大きい単身者や家族による看病の限界を超えている場合、自殺したい気持ちが強い場合、妄想が激しい場合、食欲低下が著しく飲食ができなくなってきた場合などです。

精神療法も含め、すべての治療には作用もあれば副作用もあります。どの治療が適しているかは、病状や性格によっても若干異なります。治療が始まってからも、病状には波があり、良くなったり悪くなったりを繰り返しながら改善していくのが一般的です。うつ病は本人も周りも苦しいものですが、回復を信じ、状態の変化に一喜一憂せず、焦らずその時々の状態に合わせた療養に努めていただきたいと思います。

02 適応障害
――うつ病とは似て非なる病気

「適応障害」という病名を聞いたことがない人もいるかもしれませんが、発症例はかなり多く、教師の精神疾患で最も多いのが、実はこの「適応障害」です。

●どのような病気か

ＷＨＯ（世界保健機関）の診断ガイドラインによると、適応障害は「ストレス因により引き起こされる情緒面や行動面の症状で、社会的機能が著しく障害されている状態」と定義されています。つまり、何らかの大きなストレスとなる出来事が起こったがゆえに発症した病気、ということです。

適応障害の症状は、うつ病と似たものが多く、気分の落ち込みや不安感、意欲の低下などがあり、日常生活に影響が出ます。当初は、うつ病だと判断して治療を始めたものの、抗うつ剤の効果がなかなか現れず、仕事を休んだらあっさり良くなった。そんな人によく話を聞くと、「職場で嫌なことがあったが、言うのがはばかられて黙っていた」とのことで、適応障害だと判明するケースがあります。それとは逆に、明白なストレスがあって適応障害だろうと思っていたら、しばらくしてうつ病だと分かることもあります。適応障害は、ストレス因による環境への不適応が根本原因となっているため、休んでストレスから解放されたり、職場環境が変わったりすることで改善するケースが少なくありません。症状は比較的軽いことが多く、半年程度で改善することがある一方、病状が進行してうつ病を発症する人もいます。

●主な症状

適応障害の主な症状として、次のようなものがあります。

①気分の落ち込み

適応障害の主たる症状は、うつ病と同じく、気分の落ち込みや意欲の低下、無気力感、不安感などです。原因となったストレスに関係した人物や出来事で頭が一杯になったり、悲観的になって強い不安感や悲しみ、孤独感に襲われたりします。

ただし、うつ病と違って、ストレスのもととなった環境から離れることで、薬を使わずに症状が消え去ることもあります。例えば、職場の人間関係がもとで適応障害になった人の中には、休み始めて間もないうちに友人とのショッピングや会食などを楽しめる人もいます。一方、症状が比較的軽い場合でも、ストレスのもととなった環境への再適応には、工夫が必要な疾患といえます。

②体調不良

うつ病と同様、症状が体調不良として現れることもあります。症状の出方は、頭痛や吐き気、倦怠感、胃腸障害、動悸、耳鳴り、息苦しさなど、さまざまです。最も多いのは睡眠障害で、「疲れているのに眠れない」「眠っても仕事の夢ばかり見る」といった状況に陥ります。

③行為の障害

適応障害では、イライラ感が強まり、まれに攻撃的行動が見られることもあります。家庭内暴力などの暴力行為や器物損壊、アルコールの乱用などです。若年世代ほど、こうした逸脱行動が見られやすい傾向があります。

●なりやすいタイプ

個人のストレス耐性に比べて、出来事の衝撃度が勝って発症する病気です。ストレス耐性の強さは個人によって異なり、それが弱い人ほど、何か困った出来事や環境変化への対応ができず、適応障害になりやすい傾向があります。繊細で傷つきやすい人、柔軟性の乏しい人なども、適応障害になりやすいタイプです。しかし、衝撃が大きい出来事であれば、ストレス耐性が強い人でも発症するリスクはあります。つまり、状況次第でどんな人でも発症する可能性がある病気です。

ＰＴＳＤ（外傷性ストレス障害）との違いは、ＰＴＳＤでは災害や事故、犯罪被害などの非日常的で特殊な体験が原因となりますが、適応障害の場合は、あくまで日常生活の中での出来事が原因となることです。

教師生活において適応障害を発症しやすい状況としては異動1年目が典型的で、初めての異動となる2校目や、前任校が長かったベテラン教師が要注意で、環境の変化についていけずに発症する人が数多くいます。

●治療のポイント

適応障害の治療では、うつ病ほど薬物療法は重要ではありません。薬はあくまで対症療法として補助的に用いられることがありますが、原因となったストレス因にどう対処していくかの方がより重要です。

例えば仕事上の問題であれば、校務分掌の調整・変更など職場環境を調整するだけでも、病状が変わる可能性があります。ただし、こうした調整は年度替わりのタイミングであればやりやすいものの、それ以外の時期では難しいことがあります。

症状が一定程度以上に悪化した場合は、休業により職場を離れざるを得なくなります。そうした場合、ストレス因から離れたことで比較的速やかに回復に向かうことが多いのですが、復職の際には環境調整が必要となります。

一方で、患者本人のストレス耐性を高める工夫も重要です。規則正しい生活や適度な運動などによる体調管理に加え、起こった出来事を振り返り、自分の認知パターンを見直すことも有意義です。

03 大人の発達障害
——対人関係に困難さを抱えやすい特性を持つ

子どもとも保護者とも同僚・管理職ともうまくコミュニケーションを取れず、トラブルが続出。精神疾患を疑って受診したところ、「発達障害」と診断されるケースが現実にあります。最近は大人の発達障害が産業メンタルヘルスのトピックにもなっていますが、教師も例外ではありません。

発達障害は「疾患」というより、生まれつきの「特性」と捉えた方が、適切な対応を見いだしやすいものです。比較的受身的でいられる学生時代までは無難に過ごせ、社会人になり、他人との共同作業やスムーズな意思疎通を求められる場面が飛躍的に増えると、さまざまなすれ違いが起こるようになります。その結果、うつ状態や強い不安などの症状が出て精神科を受診し、そこで初めて発達障害を指摘されることがあります。

なお、「発達障害」は総称であり、個別の疾患名ではありません。大人になってから指摘される発達障害の中で多いのは、「自閉症スペクトラム障害」の中の「アスペルガー症候群」と「注意欠陥・多動性障害（ADHD）」です。

アスペルガー症候群の特徴

①コミュニケーションや社会性の障害

典型的には、コミュニケーションが独得で人付き合いがぎこちないため、周囲の輪に溶け込むことに困難さがあります。「空気」を読み取れず、相手の気持ちを想像するのが苦手で、思ったことをそのまま口にして悪気なく相手を傷つけることがあります。また、相手の言葉を字義通りに受け取って意図やニュアンスを汲み取れず、他人との意思疎通がうまくいかないこともあります。人との適度な距離感を取るのが苦手で、不適切に近づいてしまうこともあります。

②興味関心の偏り・こだわり

興味関心や得意なことが、極端に偏っていることがあります。特定の感覚が極めて鋭敏で、苦手な感覚がまったく受け入れられない人もいます。融通が利かず、こだわりが強く、自分が決めた事柄をいつも同じように行おうとします。

このため、急な予定や状況の変更に臨機応変に合わせるのが難しく、パニックになることも少なくありません。以前はできたこと、教えられたことが、環境や状況に些細な違いがあると「違う事柄」と判断するので、できないこともあります。細部が気になりだした結果、求められている行動に移れなかったり、話し合いが進まなかったり、周囲が見えなくなって自分の思うがままに行動してしまったりします。そのため、本人にそのつもりがなくとも「マイペースで自分勝手」と思われがちです。

一方では自分の考えにそってコツコツと作業を進めることには優れていて、興味のある分野の研究・探究などには、人一倍粘り強く取り組むことができます。また、非凡な才能に恵まれた、いわゆる天才肌の人もいます。

注意欠陥・多動性障害（ADHD）の特徴

①不注意

物事に集中をし続けるのが難しく、すぐに注意がそれる特徴があります。このため、忘れ物が多く、不注意によるミスを繰り返し、人の話を最後まで聞けないことがあります。また、スケジュールや時間の管理が苦手で、仕事がいつもぎりぎりになりがちです。整理整頓が苦手で、机が乱雑な人も少なくありません。

周囲には「ミスが多く、仕事が雑」「怠けている」「人が話していても上の空」「仕事ができない」などと見られ、信頼を損なってしまいがちです。その一方で、興味が湧くと並外れた集中力を発揮し、優れた結果を出すこともあります。

②多動と衝動性

じっとしているのが苦手で、手足をもぞもぞと動かしたり、キョロキョロと周囲を見たりします。常に話していないと落ち着かない人もいます。何か思いつくと待つことができずにすぐ行動に移す、他人が発言している最中に話しだしてしまう、余計な一言が多い、重要なことでも深く考えずにぱっと決めてしまう、などの言動も見られます。情緒不安定になりやすく、些細なことをきっかけにイライラしてかんしゃくを起こしてしまうこともありますゲームやギャンブル、ネット、買い物、アルコールなどに依存する人もいます。

04 パニック障害
——激しい動悸や息苦しさに襲われる

その名の通り、パニック発作が急に出現する疾患です。パニック発作とは、突然の激しい動悸、胸苦しさ、息苦しさ、めまいなどの身体症状を伴った強い不安に襲われることで、「心臓発作ではないか」と思ったり「このまま死んでしまうのでは……」との不安に襲われたりします。発作はたいてい10分程度で治まり、病院で検査をしても異常は発見されません。

パニック発作は、いつどこで起こるか分からず、予測ができません。患者の多くは「また発作が起こるのではないか……」という「予期不安」に悩まされます。そのため、満員電車や特急電車、飛行機、高速道路、会議など、パニック発作が起きたときに逃れられない状況を恐れて避ける人が多く、「予期不安」が強いと日常生活に支障を来します。発作が起こるメカニズムはよく解明されていませんが、脳内の「恐怖神経回路」の過活動により、引き起こされるとの仮説があります。

治療は「恐怖神経回路」を制御するセロトニン神経に働くＳＳＲＩという抗うつ剤による薬物療法がメインになります。並行して、最悪の事態を想定して悪循環に陥るような認知の癖を修正し、徐々に行動範囲を広げていく練習も行うことがあります。

05 強迫性障害

――強迫観念に支配された行動を繰り返す

強迫性障害は、特定の考えに基づく不安が頭から離れず、その不安を打ち消すために、何度も同じ行動を繰り返してしまう疾患です。自分でも不合理でばかばかしく「そこまでする必要はない」と思いながらも、そうした行動から逃れられません。

具体的には、トイレの後や何かを触った後などに「汚染されている」との不安に駆り立てられ、手を長時間洗い続けるなどが挙げられます。あるいは、泥棒や火事の心配から外出前に施錠やガス栓の確認を延々と繰り返す、運転中に誰かを誤ってひかなかったかと不安になって何度も引き返して確認する、などもあります。

患者の多くは、家族など周囲の人にも、確認等を強要します。また、不安が引き起こされる状況を避けることもあります。生活や仕事に支障を来すレベルであれば、治療の対象になります。治療はＳＳＲＩなどによる薬物療法が主に行われます。症状が軽減すると認知行動療法により、回避してきたことに少しずつ直面し、強迫行為を我慢する練習を行います。

06 統合失調症
――考えや行動がまとまらず、幻聴・妄想などに襲われることも

10代後半以降に発症することの多い病気で、幻覚と妄想が代表的な症状です。幻覚の中では幻聴が多く、よくあるのは本人への批判や命令、監視しているような内容です。幻覚や妄想は本人には現実のことと感じられ、「病気の症状」と説明しても、なかなか信じません。

そのほか、会話や行動のまとまりがなくなり、作業の能率が悪くなってミスが増えることがあります。また、感情の動きが少なくなる一方で、不安や緊張が強まり、周囲の人と

の関係をなかなか作りにくくなります。また、意欲が湧かずにゴロゴロして過ごし、他人との接触を避け、引きこもった生活となる場合もあります。

原因としては、脳内の神経伝達物質の機能異常が考えられ、治療はこれらの機能を調整する薬物療法が中心となります。

07 依存症
――アルコール、たばこ、薬物からギャンブルまで

依存症は、アルコールや薬物、たばこ、カフェインなど特定の物質の摂取がやめられない「物質依存」と、ギャンブルや買い物、ゲームなどの特定の行為や過程がやめられない「プロセス依存」に大別されます。特定物質の摂取や行為に少しずつのめり込んで行き、次第に自分の意志ではコントロールできなくなり、生活や仕事にさまざまな支障が現れます。教師の中で最も多いのはアルコール依存症で、ストレスを紛らわすための晩酌や寝酒の量が徐々に増え、いつの間にか発症しているというパターンが一般的です。

アルコール依存症では、アルコールが切れると、イライラや頭痛、手の震え、発汗など

の離脱症状が現れます。頭の中はアルコールを摂取することで一杯になり、その他のことに無頓着になり、酒を飲み続けるため、身なりが乱れ不潔になったり、遅刻や欠勤を繰り返したりします。進行すると、肝硬変や膵炎《すいえん》などさまざまな身体疾患を合併し、認知症を発症したり幻覚や妄想が出現したりするケースもあります。大半は自分が病気だという認識を持てず、「否認の病」とも呼ばれます。そのため、治療開始に至るまでが大変で、いざ治療が始まっても、なかなか断酒を継続できない人も少なくありません。しかしながら、近年では飲酒したい気持ちを抑える薬が開発・処方されるようになり、断酒の意志さえ持てれば、治療が進めやすくなりました。

その他の依存症も、きっかけは日頃のストレスを紛らわそうとする「一時しのぎ」から始まります。患者の多くは、自身が依存症であると認めたがらないため、家族や周囲が問題意識を持っていても、本人は聞く耳を持たず、家族が苦労するケースも少なくありません。家族にアルコールなどの依存症が疑われる場合は、専門機関や精神保健福祉センターなどに相談するとよいでしょう。

医療機関での治療と併せて、自助グループへの参加も勧められます。

08 摂食障害

――心理的ストレスが引き起こす異常な食行動

食事を摂らなくなる「拒食症」と、大量に食べてしまう「過食症」がありますが、実は二つとも同じ病態で、拒食と過食を交互に繰り返すのが一般的です。拒食症は、食事量が減る、低カロリーのものしか食べないことから体重が極端に減る、痩せて生理が来なくなる、などの症状が見られます。一方の過食症は、いったん食べ始めるとやめられない、むちゃ食いしては吐く、食べ過ぎたことを後悔し憂うつになる、などの症状が見られます。ダイエットがきっかけとなって発症することが多く、患者の大半は女性ですが、ごくまれに男性の患者もいます。

極端な痩せが進行すれば低栄養による体調不良がさまざまな形で現れ、最悪の場合は死に至ることもあります。

治療は、行動療法やカウンセリング等を通じて、正常な食生活を取り戻すことが中心となります。さまざまなストレス要因も絡むため、家族や周囲による精神的なケアが重要です。ただし、患者の多くは「痩せたい」との願望が強く、体重が少しでも増えることに恐怖心を覚えるため、治療が困難を極めるケースも少なくありません。

09 パーソナリティ障害
――認知や行動の著しい偏りから、生活に支障を来す

以前は「人格障害」と呼ばれていましたが、偏見を助長するなどの観点から、呼称が変更されました。パーソナリティ障害にはさまざまなタイプがありますが、話題になる頻度が多いのは、「情緒不安定性（境界性）パーソナリティ障害」です。慢性的な空虚感を抱え、情緒的に不安定で、「見捨てられるのではないか……」との不安に支配されます。そのため、対人関係では極端に相手を理想化して信頼を寄せたかと思うと、何かの拍子に幻滅して激しい非難に転じるなど、不安定なものとなります。また、衝動的に自傷行為を行ったり、浪費や薬物・アルコール乱用に陥りやすいなどの特徴もあります。

治療は精神療法を中心に進められ、補助的に薬物療法も行われます。多くの場合、息の長い治療が必要となります。

第3章

事例解説！「心の病」になった先生たち

「うつ病」「うつ状態」といっても実態はさまざまで、同じ病名がついていても、単純に一くくりにはできません。その一方で、複数の受診者に、類似する状況が見られることもあります。この章では、不調の気づきと対応のヒントに役立つと思われる、比較的よくあるパターンの事例を紹介し、考察していきます。

※ここに掲載した事例は、プライバシー保護の観点から、病気や病態の本質を損ねない範囲で、実際の出来事・内容をアレンジしています。

CASE 01

職場全体の支えで休まず回復できたベテラン男性教諭

事例の概要

50代のベテランA先生は、複数の主任をかけ持ちするなど、勤務する小学校の中核的存在。5年生を担任したある年、行事が一段落した頃から学級運営に悩むようになり、妻の勧めで病院を受診することになる。

●受診までの経緯

50歳を少し超えたA先生は、5年生の担任。職場の中核的存在で、その年も複数の主任をかけ持ちしていました。当初、クラスは比較的落ち着いていて指導しやすく、多忙なA先生にとっては救いでした。

いくつもの行事が目白押しの2学期でしたが、ある大きな行事を終えた後、A先生はいつになく疲れを感じました。普段は意欲的に取り組める教材研究に身が入らず、授業にも今一つ気合が入らない日々。そんなA先生でしたが、学校では子どもたちの手前、頑張らないわけにはいきません。朝4時に目が覚めることもありましたが、「年のせいかな……」とあまり気に留めませんでした。

そんなある日、中休み後の授業が始まって間もなく、いつも元気なB君が隣の児童にちょっかいを出しました。A先生が注意するとB君はすぐにやめましたが、しばらくすると今度は別の子に話しかけます。再び注意すると、B君はニヤッと笑いました。その後はきちんと授業を受けたものの、A先生は放課後になってからもずっと、B君のことが気になって仕方がありませんでした。そしてそれ以降、教壇に立つことに不安を覚えるようになりました。

ほぼ同じ頃、クラスのCさんの保健室通いが増えていました。Cさんは前年度から時々休むことがありましたが、A先生は「自分がクラスをまとめ切れないせいで、Cさんが学内で居づらくなっているに違いない」と思い、さらに落ち込みました。そして、学級経営の悩みが頭から離れなくなり、

受診時のプロフィール

年　齢	50代前半
性　別	男性
勤務先	都心の中規模校
校　種	小学校（5年生担任）
役　職	研究主任・学年主任など
病　名	うつ病

管理職に相談しました。

深刻そうなA先生の様子に驚いた管理職は、早速授業を見に行きました。しかしながら、A先生が気に病むほどの状況ではなく、拍子抜けします。管理職はA先生に、もう少し様子を見るよう助言しましたが、A先生の不安は募るばかりです。

家庭では、妻が元気のないA先生を心配していました。以前は学校で起きたことをよく話していたのに、最近は帰宅すると疲れ切った様子で、ほとんど口を利きません。朝も起き上がるのがやっとの状態。食も進まず、表情も乏しく、話しかけてもなかなか返事がありません。休日には1日中寝てばかり……。そうした日々が続き、妻は病院に行くようA先生を説得しました。

翌日、A先生から「病院を受診することにしました」と報告を受けた管理職は驚きました。学校では、そこまで具合が悪そうには見えなかったからです。しかし、速やかに補教体制が組まれ、A先生は自宅近くの病院の内科を受診しました。

●受診後の経過

内科でいくつもの検査を受けたA先生ですが、特に異常は見つからず、検査結果を伝えた医師は、精神科への受診を勧めました。A先生は驚きましたが、妻の強い勧めもあり、医師の意見に従って精神科を受診することにしました。

日を改めて妻と共に精神科を受診したA先生は、妻とともども、これまでの経過を詳しく聞かれました。その後、「秋頃に発症したうつ病の可能性が高い」と医師から告げられました。そして、次のような話がありました。

「うつ病の治療は、抗うつ剤による薬物療法が基本です。抗うつ剤は何種類かありますが、どれも約6割ぐらいの人に効果があります。でも、どの薬が効くかは個人差があり、実際に飲んでみないと分かりません。飲み始めて効果が出るまで、早くて1週間、通常は2週間ほどかかります。効果より先に副作用が出ますが、副作用がなるべく軽く済むよう、薬は少量から始めて週単位で徐々に増やします。効果が出るまでの量も人によって異なり、きちんと効果が出るまで4週間以上かかることもありますが、焦らず飲み続けてください」

「できれば仕事は休みたくない」と訴えるA先生に対し、医師は「では、上司にも来てもらって、今後について相談しましょう」と言いました。そして、2回目の受診時には、管理職に同席してもらいました。医師はA先生と管理職に向けて次のように説明しました。

「うつ病は休んだ方がよいとされていますが、これ以上悪化しなければ、治療しながら仕事を続けられる可能性もあります。ただ、その場合でも、仕事の負担はなるべく軽い方がよいでしょう」

三者で話し合った結果、担任はこのまま外さないこと、他の分掌はなるべく他の職員が担って学級担任だけに専念できるような体制を組むことなどを条件に、A先生は勤務を続けることになりました。そうなると不可欠なのは同僚の協力です。

管理職「皆に協力してもらうには、事情をある程度説明しないといけませんね」

医師「伝える内容は、ご本人が話してもよいと思う範囲に留める必要があります」

A先生「ありのままに伝えていただいて、構いません」

こうしたやり取りが交わされ、最終的に①A先生がメンタルの不調になっていること、②当面治療と仕事の軽減が必要なこと、③当然ながら児童や保護者にはこれらの情報を漏らしてはいけないことなどが、管理職から教職員に伝えられることとなりました。

翌日、管理職から話を聞いた教職員は、多少自分たちの仕事が増えたとしても、A先生に休まず来てもらえた方がよいと考えました。校内の体制を組み直すのは大変でしたが、一部は管理職も担い、学校全体で負担を分散しました。これまでのA先生の仕事ぶりを知る同僚たちは、誰もが協力的でした。

A先生は医師の指示通り、2週間おきに病院へ通い、薬物療法を続けました。運良く最初の抗うつ剤が合い、2カ月足らずで8割方回復しました。ほぼ本来の調子に戻るにはさらに3カ月近くかかりましたが、その間は学級に専念できる体制ができていたので、A先生は治療を受けながらも安心して仕事をすることができました。

再発防止のための服薬はその後も1年近く続けなければなりませんでしたが、翌年度には、担任以外にやや軽めの分掌も十分にこなせるようになりました。その後も再発はせず、3年後には病気の影響がほぼ分からないまでに回復することができました。

ワンポイントアドバイス

不眠、倦怠感、活力の低下、興味の喪失、不安、自責感、食欲低下などの症状が見られた「うつ病」のケースです。「うつ病」は、発症前に明らかなきっかけがある場合も、はっきりしない場合もありますが、このケースの場合、行事が一段落したことが発症の引き金になったと思われます。

「薬と休養」がうつ病治療の鉄則とされてきましたが、近年は多様な薬が開発され、休業せずに薬物療法を受けながら働き続けられる場合も増えてきています。そのためには、「職場の支援体制」も重要です。

CASE 02

休暇を繰り返し取るベテラン女性教諭に周囲の不満が爆発

事例の概要

約20年前に体調を崩して以来、繰り返し休暇を取るようになったB先生。学校はその穴埋めに追われる日々が続き、ある日とうとう周囲の不満が爆発。校長がB先生と共に医師のもとを訪れ、話し合いの場を持つことになる。

●これまでの経緯

「先生、もう私、あの学校に行ける自信がありません。校長は厳しいし、同僚にも心を許せる人がいなくて……」

ある日、かかりつけの心療内科に、中学校教諭のB先生が飛び込んできました。診察室に入るやいなや、前日の学校での出来事を涙ながらに訴えます。紛失した書類の件で校長にこっぴどく叱られ、普段の仕事ぶりについても、こう言われたと訴えます。

「書類の紛失は、日頃から仕事の姿勢に甘さがあるからじゃないのか？　学年でも、あなたが副担として、きちんと役割を果たさないから困っているそうだ。担任は忙しいんだ。あなたは分掌だって少ないんだから、せめて任された分くらいはきちんとやってもらわなくちゃ困る」

そう言われたB先生は、いたく傷ついたとのことです。

「紛失したことは叱られても仕方ありません。でも普段はできる限りのことはやっています。副担は時間があると思われがちですが、実際にはいろんな雑用が回ってきて大変なんです。この間も、危うく一つややこしい仕事を頼まれそうになったんですが、下手に引き受けてできなかったらかえって迷惑を掛けるので断りました。だからといって、別に苦情は言われてません」

紛失した書類は個人情報などの重要なものではなく、所管部署に再度問い合わせれば済むもの。たった1回のミスでなぜそこまで言われるのかと、B先生は心外に思ったそうです。

B先生が心療内科を初めて受診したのは約20年前。仕事と育

受診時のプロフィール

年　齢：40代後半
性　別：女性
勤務先：郊外の中規模校
校　種：中学校（2年生副担任）
病　名：自律神経失調症（身体表現性障害）

児の両立に悩み、体を壊したのが原因でした。初診時、かなり体調が悪化していて1年近く休み、それ以来、通院を続けています。医師の言うことをよく守り、健康管理に人一倍気を遣い、ちょっと体調を崩すと診断書を書いてもらって休暇を取る。そうしたことが何度もありましたが、初回を除けば大半は1カ月以内の短期で復帰していました。

「吐き気とめまいがして……明日も学校に行けるか自信がありません」

切々と訴えるB先生を気の毒に思いながらも、医師はふと、ある医師向けの研修会で聞いた会社員の事例を思い出しました。その事例は、研修期間や繁忙期など負担がかかる時期になると突然休み、短期間で回復して普段通りに勤務し、再び繁忙期になるとまた休む……というケースでした。医師はB先生のことを「真面目な人柄で、不調を抱えつつも多忙な職場で懸命に頑張っている」と考えていましたが、休み方だけ見れば、その会社員に似ているようにも思われたのです。

しかしながら、職場からは何も言ってきませんし、実際にどうなのかは分かりません。いずれにせよ、状態を見る限り翌日学校へ行くのは難しく、短期間の休みはやむを得ないだろうと思われました。医師は「2週間の休みが必要」と記した診断書を書きました。

●その後の経過

「明日から2週間休みます」

B先生から連絡を受けた校長は絶句しました。しかし、診断書が出た以上は致し方ありません。他教科の教師や教頭も含め、全校を挙げて補教体制を組むことにしました。これに対し、怒りをあらわにしたのが同僚の教師たちです。

「なんだかんだと理由をつけて、分掌の仕事も大してやらない上に、休んだ尻拭いまでしなければならないのか！」

「去年と同じだ。また休まれてはと思って我慢してきたけど、結局こうなった！」

「昨日まで普通だったのに、本当に病気なの？」

しまいには、そんなことを言う人まで現れました。校長自身、そうした教師たちと内心同じ気持ちでしたが、立場上同調するわけにはいきません。先日の指導が引き金になったのかもしれないという負い目もあって、何とかその場を収めようとしました。

休暇2週目、校長はB先生に電話をしました。

「今後の受け入れ体制を考えたいので、主治医の先生と話をさせてください」

意外にもB先生はすんなり承諾し、医師に連絡して診察に同席することになりました。

病院を訪れた校長は、B先生の同意を得て、医師と2人だけで話をしました。

「私の叱責が引き金になったようで、反省しています。今後は気をつけようと思います」

そう話した上で、校長はB先生の学校での様子について語りました。

「実を言うと、直前まで具合が悪そうな様子はなく、元気そうでした。昨年も同じようなことがありまして……。正直、本当に具合が悪いのかどうかよく分からないのです」

校長によると、日頃からB先生の仕事量は通常より減らしており、そのせいで他の教師に負担がかかっているとのこと。でも具合が悪そうに見えないので、不公平だと不満を持つ教師も多く、大っぴらに責める人はいないものの、ちょっとした態度に出てしまう人はいるとのことでした。また、復職後、職場としてどんな配慮をすればよいかという質問もしました。

今回、初めて学校側の話を聞いた医師は、「なるほど」と思いました。B先生の話だけでは見えなかった職場の状況が、よく分かったからです。

他の教師からすれば、普段から配慮されているB先生に休まれ、その分の仕事がさらに増えれば、不満に感じるのは当然のことでしょう。一方、B先生からすれば、診断書をもらって療養しているのであって、サボっているわけではありません。

医師は校長に、復帰するときには回復しているので周囲には分からないが、B先生は実際に病状が悪化すること、それ自体は本人にもどうすることもできないこと、復帰したら普段通りに接してよいこと、必要な指導は構わないが感じやすいのでなるべく穏やかな口調で短時間に留めた方がよいこと、仕事量は本人のキャパシティに合わせざるを得ないこと、などを伝えました。

2週間後、復帰したB先生はいつもと変わらない様子でしたが、状況を理解した医師は折に触れて「休まないように」と励ましました。その結果、少しずつ、何かあっても休まずに乗り越えられるときも出てくるようになっていきました。

ワンポイントアドバイス

主に、身体的な症状が見られる精神疾患に、「身体表現性障害」と呼ばれるものがあります。その中には、自律神経失調が主症状のものもあります。経過はケースバイケースで、短期間で回復する場合もありますが、ストレスがかかると症状が悪化しやすく、慢性化することも珍しくありません。

また、どのような疾患も、本人の話だけでは職場での状況は主治医に伝わらないものです。職場からの情報提供があると、主治医もより多面的に状況を把握でき、それが治療に生かせる場合もあります。

CASE 03

同僚も困惑 アルコール依存症のベテラン男性教諭

事例の概要

３年近く前から遅刻が目立つようになってきたＣ先生。酒の臭いを漂わせながら出勤するようになり、次第に身だしなみも不潔さが目立ち始める。生徒からも苦情が寄せられ、管理職はＣ先生に病院へ行くよう指示する。

●受診までの経緯

２年前に離婚した妻は、その数年前から、Ｃ先生の飲み方が気になっていました。普通の晩酌程度ならよかったのですが、徐々に度が過ぎるようになり、朝食に起きて来なかったり、週末に飲み続けて止まらなくなったりといったことが、度々起きるようになりました。しらふの時は優しいのに、お酒を飲んでいる最中に「もうやめましょう」と言うと、人が変わったような形相になるのです。飲んでいるC先生をそのままにして床に就き、翌朝になってみると、夜中にお酒を買いに行ったような形跡もあります。「普通ではない」と感じ、妻はある日、保健所に相談へ行きました。そして、C先生がアルコール依存症であることを確信しました。

保健所で聞いた話をもとに、何とかC先生を依存症から脱出させられないかと、説得を試みました。

「このままじゃ、肝硬変になって死んでしまうかもしれないわ。歩けなくなったり、うつ病になったり……認知症になることだってあるんだから。事故死の危険も高いし、依存症者の平均寿命は50代だっていう話よ」

その言葉も、すでに依存症になっていたC先生の心に響くことはありませんでした。妻は次第に依存症の夫を心配する自分の生活に嫌気がさしてきました。そして、ついに離婚を申し出ました。「治療へのきっかけになれば」との思いもありましたが、妻の思いは通じず、C先生はあっさり離婚に応じてしまいました。

受診時のプロフィール

年　齢	40代後半
性　別	男性
勤務先	郊外の大規模校
校　種	中学校（2年生副担任）
役　職	教科主任
病　名	アルコール依存症

その後のC先生は、飲酒を止める人もなく、お酒に浸る生活に入っていきました。かろうじて、仕事を大事に思う気持ちはあったため、平日は少しセーブしていました。問題は金曜夜~週末で、飲むと止めどなく、次第に月曜の出勤が危うくなり、時折遅刻するようになりました。

「C先生、お酒臭い。アル中じゃないの?」

「授業で何を言っているのか分からない。たまに呂律も回ってない」

次第に、生徒からもそんな苦情が寄せられるようになりました。授業の進め方も粗くなり、理解できない生徒へのフォローも疎か。教材研究もほとんどせず、教科書を淡々となぞるような授業になりました。当然、保護者会等でも問題とされるようになっていきます。

しかし、肝心のC先生は頓着しません。自分が酒の臭いをぷんぷんと放っていることにも気づかず、平気で生徒たちと接しています。ただ、遅刻したときだけは気が引けるらしく、連絡する電話の声は、いつも申し訳なさそうでした。

年1回の健康診断では、数年前から肝機能の悪化を指摘されていました。中性脂肪コレステロール、血糖値など、年々異常値を示す項目が増えていきましたが、C先生は2次検診もろくに受けず、放置していました。

一度だけ受診した病院で、酒量を減らすよう指導されたことがありました。

「要は、酒さえ減らせば病院にかかる必要もないってことだ。結局自分次第じゃないか」

C先生はそんなふうに考えてたかをくくり、一向に酒量を減らそうとはしませんでした。飲み始めると眠るまで飲み、ウイスキーのボトルが週に何本も空きました。たまに学校の飲み会に参加すると、途中から皆とはぐれてはしご酒という有様。気づいたら、知らない駅のベンチで居眠りしていることも、珍しくなくなりました。

体にも、生活にも悪影響が出ていましたが、C先生は飲み続けました。いざとなれば酒を控えればいいんだ。どれも大した問題じゃない。そう考えていたのです。本当は、酒を控えられないことが最大の問題だったのですが……。

身だしなみも乱れ、不潔に見えるようになって、遅刻や欠勤が増えてきたC先生に、いよいよ周囲も「このままではマズイ」と思うようになりました。

管理職は以前、アルコール依存症の教師の対応をしたことがありました。

「このままではC先生はダメになってしまう」

そう考えた管理職は、C先生を呼び、仕事でのさまざまな問題が見過ごせなくなってきたこと、この原因は酒だと思うこと、このままだと社会的にも取り返しのつかない事態になることを話した上で、こう切り出しました。

「全面的に支援する。だから病院に行ってほしい」

後日、C先生は管理職に付き添われ、病院を受診しました。

●受診後の経過

診察を受けたC先生は、予想通り「アルコール依存症」と診断されました。

「立ち直るなら、今しかない」

仕事は大事に考えていたC先生は、管理職の言葉でようやく自分がすべてを失う瀬戸際にいることに気づき、初めて治療に取り組まざるを得ない気持ちになりました。そして、主治医とも相談の上、治療に専念するために休業し、専門病棟に入院して「アルコール依存症・治療プログラム」を受けることにしました。依存症との闘いの日々が始まったのです。

入院後、アルコールの離脱に対する治療が終わると、C先生には「抗酒剤」が処方されました。「抗酒剤」は、服用中にお酒を飲むと、吐き気や頭痛などに襲われる薬です。そのため、たとえお酒を飲みたくなっても、「不快になるからやめておこう」と思い留まりやすくなります。C先生も、毎日断酒の決意を確認し、「抗酒剤」を飲みました。

治療プログラムではアルコール依存症と酒害についての知識も学び、自分ではどうにもならない病気であることを教えられました。共に治療する仲間との集団ミーティングや断酒会への参加なども行いました。作業療法では、農作業をして気持ち良く汗をかきました。久しぶりの筋肉痛に、酒ばかり飲んでいて健康的な生活からすっかり遠ざかっていたことを、思い知らされました。外泊時も注意深く断酒を続けることができ、3カ月後、C先生は無事にプログラムを終了して退院。運良く、自宅近くに断酒会も見つかりました。このまま3カ月間断酒が続けられたら、職場復帰訓練を行って、学校に復帰する予定です。その日を励みに、C先生は「断酒継続」を心に誓ったのでした。

ワンポイントアドバイス

アルコール依存症は気づかないうちに発症・進行する病気です。治療には薬も用いられますが、自分自身に酒を断つ決意があって初めて、薬の効果も発揮されます。そのため、この問題に適切に対処するには、まず「知識」を持つことが欠かせません。依存症の手前であれば、節酒の継続で済む可能性もあります。適正飲酒量は、アルコール換算で1日20グラム＝ビールなら500ミリリットル相当、女性はこの半量から3分の2程度とされています。

CASE 04

次々と降りかかる難題 力尽きた女性の中堅ホープ

事例の概要

管理職からも若手からも信頼され、学校のホープとして多くの仕事を任されていたD先生。これまで、困難な学級を立て直してきた彼女だったが、2年生を任されたある年、これまでにない局面に次々と直面し、出勤できなくなってしまう。

●受診までの経緯

30代のD先生は、若い教師が大多数を占めるこの小学校のホープでした。ある年の1年生は、入学時から落ち着きのなさが目立つ学年でした。

「早い時期にてこ入れをしなければ、今年度大変だった6年生の二の舞いになるかもしれない」

管理職には、そんな懸念がありました。ここ数年で最も大変だった6年生。その担任を務め、何とか卒業式まで持っていったのがD先生でした。来年度の分掌配置を考えると、新2年生はD先生に任せるしかない。しかし、内示の段階で、思いがけずD先生は抵抗をしました。

「やっと6年生を送り出したばかりで、この学年を持つ自信がありません」

D先生の気持ちは分かりますが、どう考えても経験の乏しい若手に任せるわけにはいかず、数少ないベテランは皆いずれ劣らぬ重責を担っています。

「配慮が必要とはいえ、まだ2年生。6年生に比べればまだやりやすいでしょう。それに、来年度はまた新任教師が3人来ることになっていますが、あなたには初任ではなく2年目のA先生と組んでいただこうと考えています」

初任の指導教官に当てないのは、管理職にとっては気遣いでした。

しかし、新年度がスタートすると、現実は予想を遥かに超えていました。授業のたびに、席に着かせることさえ一苦労。まるで〝もぐらたたき〟のように注意を繰り返し、何とか全員が

受診時のプロフィール

年　齢	30代前半
性　別	女性
勤務先	都市部の中規模校
校　種	小学校（2年生担任）
病　名	抑うつ状態

席に着いても、途中で誰かの集中が途切れると、それをきっかけにざわざわと乱れ始める。そしてまた、最初からやり直し。そんなことが、ほぼ毎時間続きました。

D先生の学級は全体的に幼く、基本的な生活習慣が身についていない子も少なくありませんでした。複雑な家庭事情を抱えた子も多く、家で十分な世話を受けていない様子がうかがわれる子、人に穏やかに接することができない子も何人かいました。また、発達障害が疑われる子も4〜5人いましたが、医療につながっている子はいませんでした。

クラスには、特にパワフルな子が3人いました。それぞれに合った接し方をしないと、大声を上げて床に寝そべったり教室を出ようとしたりして落ち着きません。やむを得ず個別対応をすると、今度は他の子どもたちが指導の違いに混乱するようになりました。

5月に入ってクラスに改善の兆しが見え始めたのもつかの間、6月の行事後、再びクラスは落ち着かなくなります。子どもの一部に担任への反発も加わり、新学期の4月とはまた異なる難しさで状況は悪くなるばかりです。

「何とか、支援員さんなどに入ってもらえないでしょうか」

D先生は、どうにかしてクラスを立て直すべく、少しでも大人の目と手が欲しいと校長に頼みました。しかし、非常勤職員の雇い入れも、学生ボランティアの導入も難しく、結局D先生は孤軍奮闘を強いられました。

保護者への対応も一筋縄ではいきませんでした。担任の説明に耳を貸さない家庭、子どもの教育にまったく無関心の家庭、言葉の壁のある家庭……。しかし、諦めずに連絡や面談を重ねた結果、1学期末には気がかりな子どものうち1人が、どうにか医療につながる見通しがつきました。

何とか1学期が終わり、ほっと一息つけるかと思った矢先、D先生は自身の母親が入院するという予想外の事態に見舞われます。D先生には、まだ幼い2人の息子がいて、その面倒をよく見てくれていた母親のダウンは、この上なく大きなダメージでした。そうして疲れも取れぬまま、2学期を迎えることとなってしまいました。

2学期は、研究発表会を控えていました。研究主任としてその準備に追われ、学級経営に100パーセントの力を注げない中、D先生のクラスはますます荒れ、子どもたちとの関係はこじれました。この頃から休日には理由もなく涙が出るようになりました。そして、研究発表会が終わった直後、ついに出勤できなくなりました。

●受診後の経過

夫に付き添われて病院を受診したD先生は「抑うつ状態」と診断され、休業することになりました。担任不在となった学級に入った管理職は、あまりの様子に驚きました。

「どうしてもう1人、手当てできかったのだろう。担任以外にせめてもう1人いれば、もう少し何とかできたかもしれないのに……」

以前、D先生が訴えた学級の状況は、実際よりかなり抑えられたものだったことに管理職は気づきました。そして、今さらながら、D先生があまり主張をしない、黙って仕事をするタイプだったことを思い出し、SOSを出したのはよほどのことだったのだと後悔しました。

一方のD先生は、休業後、しばらくは寝てばかりの日々が続きました。1カ月ほどで、最低限の家事はできるようになりましたが、テレビをつけて、「学校」という言葉を聞いたり、ランドセルを背負った小学生を見たりするだけで、激しい動悸が始まりました。

医師は、当面の復帰は難しいと判断し、「復職するか退職か、早く決めなければ」と焦るD先生に、ひとまずは仕事のことを考えず、休養に専念するように伝えました。診察時に管理職を含めて話し合い、長期計画で回復後の復職を目指す方針となりました。

休業開始から約1年が過ぎると、町で子どもを見かけても恐怖がなくなり、「学校」という言葉にも動悸がしないようになりました。さらに数カ月を経て、D先生は「やはり教師としてもう一度教壇に立ちたい」と思うようになりました。回復状況も良く、D先生は希望通り学校での職場復帰訓練に臨むことになりました。

「同僚や子どもたちは、自分を見てどう思うだろう」

D先生は、そんな不安を抱えながら久しぶりに校門をくぐりました。教職員の多くは異動で入れ替わっていましたが、新しい管理職をはじめ、どの教師もD先生を温かく迎えてくれました。D先生が休んでいた間に、子どもたちや学校の雰囲気も、かなり変わっていました。

復帰初年度は管理職の配慮から、算数の少人数指導担当となりました。教材研究に割く時間が確保でき、もともと授業が好きだったD先生は、専科の仕事にやりがいを感じました。復帰2年目には担任に戻ることとなりましたが、久しぶりにクラスを任される緊張感も心地良く、「新たな気持ちでスタートを切ろう」と思いました。

ワンポイントアドバイス

受診者の中には、何年も続けて困難学級を任されて長く緊張状態が続いたケースや、重責を担い続けて疲労が蓄積していたケースも散見されます。頼れる先生だからこそと思われますが、長年の過度な頑張りが続くと、燃え尽きやすくなります。リスクマネジメントの意味でも、力量のある教師でも時には負担の軽い配置にする、あるいは何らかのバックアップ体制を取る、などの配慮が必要かもしれません。

CASE 05

周囲との意思疎通に難あり!? トラブル続発の若手男性教諭

事例の概要

指導教官から教えられたことが実践で生かせず、トラブルばかりのE先生。コミュニケーションの行き違いがたびたび起こる中で、次第に周囲との関係がこじれ、精神的に追い詰められていく。そして、病院を受診後、自身の特性に気づく。

●受診までの経緯

新任教師として中学校に着任したE先生は、誰から見ても「真面目な好青年」でした。指導教官や同学年の教師は優しく指導し、E先生自身も先輩教師の指導を素直に聞き、吸収しようと努めていました。

しかし、初年度は1年生の副担任でしたが、早々からトラブル続きでした。真面目な性格で、授業準備には相当な時間をかけるものの、教壇に立つと型通りの説明を繰り返すばかり。生徒から予想外の質問をされると、あっさりと受け流す……。そんな授業が続きました。生活指導も杓子定規で、生徒とかみ合わなかったり、時には行き当たりばったりの指導で混乱を招くこともありました。また、普段は温厚なのに、想定外のことや精神的に追い込まれる事態に遭遇すると、パニックになって皆をビックリさせることもありました。生徒たちはE先生の授業もやり取りも面白くなく、次第に心が離れていきました。そして、2学期の終わり頃には、E先生の授業を真面目に聞く生徒は一握りで、好き勝手に振る舞う生徒が目立つようになりました。

教職員の間でも、E先生は「困り者」になっていました。先輩教師の話には真面目に聞き入り、「分かりました」と返事もしているのに、実際に指導されたことを生かすべき場面では、教えられた通りにやらない。そんなことが繰り返し起こりました。

「E先生が同じような失敗を繰り返すのは、自分の指導がまずいからなんだろうか……」

指導教官は、悩みました。授業はもはや半崩壊状態。それな

受診時のプロフィール

年　齢：20代半ば
性　別：男性
勤務先：都心の中規模校
校　種：中学校（特別支援学級担任）
病　名：適応障害、発達障害の傾向

のに、当の本人はどこ吹く風といった様子に見えます。そんなE先生に、指導教官は次第にいら立ちを募らせます。

「そんな言い方じゃ、生徒たちには分からないだろう！」

「何度言ったら分かるんだ。この間も、同じことを言ったじゃないか！」

指導の言葉も、だんだん厳しくなっていきます。するとある日、E先生は管理職に「指導教官から、パワハラを受けている」と訴えました。

管理職は、指導教官からも話を聞き、すでに二人の関係は修復が難しい状態だと判断しました。E先生は指導教官を見るだけでパニックが起こりそうになり、一方の指導教官も爆発寸前。管理職は、他に引き受け手がいなかったので、自らE先生の指導役を務めることにしました。

数日もしないうち、管理職も指導教官と同じ体験をしました。そして、粘り強く指導を続ける中で、E先生の「特性」が分かってきました。状況が少しでも異なると、以前学んだ方法を生かせないこと、周囲が「常識」と思えることも具体的に説明しないと理解できないこと、独特な考え方があって他の人と判断が異なる場合があることなどです。

そうしたE先生の特性を踏まえ、管理職はE先生が2年目になるタイミングで、特別支援学級に配属させました。ここならば、E先生も他の教師の指導を直接見ながら、じっくり学べると考えたからです。しかし、ここでもE先生は、他の教師とうまくいきませんでした。自分が担当する生徒、自分が必要と判断した指導に集中するあまり、周囲の状況がまったく見えなくなり、サブ・ティーチャーとして適切に動けなかったからです。

「授業の進行が妨げられる」

次第に周囲の教師から、不満の声が上がり始めます。当のE先生は、何とか昨年度のマイナスを挽回しようと、自分なりに努力しているつもりでした。しかしながら、周囲との人間関係は悪化するばかりです。

「環境が変わっても状況が変わらないのは、自分に原因があるからかもしれない……」

E先生は次第にそう考えるようになっていました。そして、仕事に対する自信を失い、出勤困難になります。そしてある日、精神科を訪ねました。

●受診後の経過

病院を訪れたE先生は、堰《せき》を切ったように自らの想いを語りました。自分は真面目に仕事をしている。でも、周囲のパワハラやわけの分からない指導で、自信を失ってしまった。そんな内容でした。しかし、話が一段落したところで、ふとこうつぶやきました。

「僕にどこかいけないところがあるのかもしれません……」

なぜそう思うのか、医師が理由を訪ねるとE先生はこう続けました。

「学生時代から人間関係に苦手意識があり、自分はどこか人と違うところがあると感じていました。僕みたいな人間や、いろいろな個性を持った子が受け入れられるような学校であるべきだと思って、教師になったんです」

すでに出勤できなくなっていたE先生は診断書をもらい、休業することになりました。休業後、E先生は速やかに復調しました。すると、なぜ自分が休まなければならなかったのか納得できないという気持ちに襲われ、そう医師にも話しました。以前本人と管理職の双方から話を聞いていた医師は、E先生と周囲の教師との間に「コミュニケーションのずれ」があり、それが不適応の一因となって体調を悪化させ、休むことになった可能性が高いと考えていました。そのことと、そうしたコミュニケーション上の特性や感じ方、考え方によって、対人関係の仕事である教職では、困難に陥りやすいことも伝えました。E先生は、自分の特性は理解したようでしたが、休まなければならなくなった原因については、周囲のせいとしか考えられない様子でした。そこで医師は、何冊かの本を勧めました。

E先生は医師に勧められた本を読むうち、あることに気づきました。

「もしかしたら、自分には発達障害の傾向があるのかもしれない……」

復帰は慎重に考えなければならないと思う一方、希望してなった教職を諦める決心もつきません。最終的に職場復帰訓練を行いながら、今後の進路を考えることにしました。職場復帰訓練に入ったE先生は、自身の特性を踏まえつつ、仕事と向き合いました。しかし、「コミュニケーションのずれ」は解消せず、対人関係の難しさに苦悶する日々が続きます。そして、再び体調不良になりました。これ以上は、無理かもしれない……。E先生は気持ちを整理し、教職を辞して転職することを決意しました。

ワンポイントアドバイス

第2章でも触れましたが、社会人になってから、職場不適応に陥って受診する人の中には、いわゆる発達障害の傾向を指摘される人がいます。本人が悩むばかりでなく、考え方やコミュニケーションの際の反応が独特なため、周囲に特性への知識や理解がないと、本人の態度を「怠け」や「やる気のなさ」、「先輩に対する軽視」などと誤解されることがあります。似たような失敗を繰り返す場合は、経験の応用が難しい特性によるものだと理解し、経験を生かすためには伝え方を工夫する必要があります。その他にも、受け止めきれない事態に対してパニックが起こる場合には、パニックを防ぐ対処法を検討するなどが必要になります。適切な対応策は、個別のケースと状況に合わせて考える必要があります。

CASE 06

周囲のサポートで救われた頑張り屋の新任女性教諭

事例の概要

学級経営の行き詰まりから、精神的に追い詰められた新任の小学校教師F先生。人生初めての挫折に、気持ちがどんどん萎縮していく毎日。しかし、校内の支援と管理職の提案で教師向けの相談窓口を訪れたことを契機に、事態は徐々に好転していく。

●相談までの経緯

また今日も、授業がうまくいかなかった。A君のいたずらには、どう指導すればよいのか分からない。いたずらを通り越して、嫌がらせじゃないかという気さえする。他の子まで一緒に騒ぎ、手がつけられなくなってきた。専科の先生の授業では、もっとおとなしいみたいなのに……。

放課後の教室を後にしたF先生は、深くため息をつきました。新任教師として着任し、4年生を受け持って2カ月余りが過ぎていました。

それまでの2年間、F先生は非常勤講師として、別のいくつかの小学校に掛け持ちで勤務していました。どの学校でも、授業を「やりにくい」と感じたことはなく、念願の正規教員として採用されても、不安はありませんでした。しかし、講師として授業中だけ指導するのと、担任として学級経営や生活指導全般を引き受けるのとでは、大きく違いました。

初めて不安に襲われたのは4月の保護者会でした。

「先生は、初任ですよね。授業の進め方については、指導を受けているのですか？」

「子どもが言うことを聞かないときは、どのように注意されるんですか？」

保護者からの質問にF先生が言いよどむと、同席していた学年主任が助け船を出してくれました。

「学年で協力しながら指導に当たっています。だから心配なさらないでください」

学年主任の言葉に保護者も安心し、その日は何とか乗り切りまし

受診時のプロフィール

年　齢：20代半ば
性　別：女性
勤務先：都市部の中規模校
校　種：小学校（4年生担任）

た。五月病の時期も乗り越え、F先生の体調は良好でした。しかし、不安の種は抱えていました。

F先生が在籍する学校は、教育熱心な家庭が多い都市部の小学校。F先生のクラスにも、中学受験を考えている家庭の子が数人いました。その中の1人が、すでに塾通いを始めていたA君です。塾のテストでいつも高得点を取っているA君にとって、学校や学校の授業は遊びのように思っている節があります。

都合が悪い場面では上手にとぼけ、教師を出し抜こうとするA君の振る舞いに、少しずつ一部の男子児童が「カッコイイ」と、同調するようになりました。すると、ますます調子づいたA君は、少しずつ授業中も好き勝手に振る舞うようになっていきました。

F先生にとって、初任者研修は同期の仲間と出会える数少ない息抜きの場でした。気になる同期の状況はさまざま。順調にいっている人もいれば、すでにクラスが崩壊寸前らしく、憔悴しきった人もいました。

「私なんか、まだマシな方かも……」

大変なのは自分だけではない。F先生は、もっと頑張ろうと思いました。

しかし、仕事は予想以上に多く、多忙な日々は続き、学校に居られるギリギリの時間まで職員室で書類の処理に追われました。晩御飯はいつもコンビニ弁当。授業準備の時間が十分に取れず、内心焦っていましたが、もともと頑張り屋で負けず嫌いのF先生は、弱音を吐かず、意識して明るく振る舞っていました。管理職が授業を見に行くと、要領の良い子どもたちは普段よりおとなしく振る舞うので、学級の本当の実態には誰も気づいていませんでした。

しかしある日、決定的な出来事が起こります。F先生が授業中にふざけたA君を注意したところ、A君がそのことへの不満を母親にぶちまけたのです。話はA君の母親から他の保護者へと広がり、まもなく複数の保護者から管理職に、「F先生のクラスは、落ち着いて授業を受けられる状況にない」との苦情が寄せられました。

「頑張ってやっていると思っていたが、実はそんな状態だったのか……」

新任のわりにしっかりした印象だったF先生のクラスの実情を知り、指導教官や校長は驚きました。そして、事態の収拾に向けて動き出しました。

翌日から、F先生のクラスの給食の時間には、専科の先生も一緒に入りました。また、学級活動は、学年主任のクラスと合同でやることになりました。しかし、そうした支援が次々と行われ、学級が落ち着きを取り戻す中で、F先生の気持ちは逆に萎縮していきました。ベテランの先生方の指導を見るにつけても、一人できちんと指導できない自分が情けなかったのです。

表情のすぐれないF先生を見て、管理職は気がかりでした。

「自分一人で事態を収拾できず、他の教師の手を借りなければならなかったことで自信をなくしているのではないか……」

管理職はそう考えてF先生を呼ぶと、最近のクラスの状況について話し合った後、それとなく自身が初任の頃の失敗談、先輩や同僚の助けを借りた話などを伝えました。

話を聞くうちに表情がほぐれてきたF先生を見て、管理職は気持ちを整理するために教師向けの相談窓口を利用してみるよう勧めました。

●相談後の経過

教職員対象の相談窓口を訪れたF先生は、担当の臨床心理士に話を聞いてもらいました。一通り話し終わった後、臨床心理士はF先生に、先輩教師と同じようにできないことを気にし過ぎて、焦っているように見えると指摘しました。そして、仕事は知識だけではなく経験を通して見えてくるものが多いこと、経験の浅いF先生が行き詰まるのは無理もないこと、そのことを受け入れられないために悩んでいることなどを伝えました。また、「こうあらねばならない」と思い過ぎて、自分を追い込んでいるのではないかとも伝えました。

「比べるなら、人と比べず、過去の自分と比べたらどうでしょう？」

臨床心理士にそう言われたF先生は、着任からこれまでのことを振り返りました。そして、4月当初よりもやれることが着実に増えている自分に気づきました。

翌週からF先生は、少しずつ前向きな気持ちを取り戻していきました。その後も困難に直面することは何度もありましたが、その都度自分で精一杯努力すると同時に、時には泣きながら先輩に相談したり、相談機関に飛び込んだりもしました。そして何とか年度末までこぎつけたときには、1年前より教師としても人としても成長していました。

ワンポイントアドバイス

初任者は、初任であること自体がメンタルヘルス不調のリスク因子です。特に教師は、就職直後から一人前であることが要請されるという、特殊事情を抱えています。大学卒業後すぐに採用された場合は、社会人経験1年目でもあり、かつ大多数の初任者は保護者よりも若く、気苦労が多くなるものです。時には指導教官との相性に悩む場合もあります。先輩教師としては、「自分も通ってきた道」と考えて育てる感覚で接すること、初任者自身は一人で抱え過ぎず、困ったら必ず誰かに相談することを、心掛けたいものです。

CASE
07

危険な異動初年度 職場から孤立していった中堅リーダー

事例の概要

異動先の学校で主任としてリーダー的な役割を期待されていたG先生。担任する学級には課題のある子が多数いたものの、若手中心の校内では誰にも相談できない状況。次第に学級の統率が乱れ、精神的に追い詰められていく。

●受診までの経緯

異動してきたばかりのG先生は40代半ばのベテラン教師。学校では、児童に対してはもちろん、若手教師に対する指導でも期待されていました。受け持ったのは、当時校内でも難しかった3年生のクラス。3年生は他に2クラスあり、それぞれ20代半ばと30代前半の教師が担任を持っていました。

学校に在籍する教師の約半数は、経験年数5年未満の若手です。40歳以上の教師は数人のみで、ベテランの一人であるG先生は学年主任となり、他の分掌でも責任者の立場になりました。とはいっても、初めての地域でもあり、異動してきた直後で、分からないことばかりです。G先生は、若手教師にたびたび不明点を質問しました。

「なんだこの先生、そんなことも知らないのか……」

この学校しか知らない教師の中には、ややバカにしたような態度に変わる若手もいました。

「分からないことを聞く相手は、慎重に選ばないといけないな……」

G先生は次第にそう思うようになります。そして、取りあえず知っているふりをして、後から軌道修正を図ることにしました。当然、仕事は時間も手間もかかるようになっていきました。こうした中で、学年主任として仕切るのは、大きなプレッシャーがありました。しかも学年は、どのクラスにも課題のある子がおり、特にG先生のクラスには際立った子が2～3人集まっていました。

受診時のプロフィール

年　齢	40代半ば
性　別	男性
勤務先	地方都市の中規模校
校　種	小学校（3年生担任）
役　職	研究主任・学年主任
病　名	適応障害

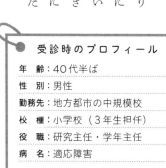

そうした中、４月下旬になると早くもＧ先生は学級経営に暗雲が立ち込め始めたのを感じます。体育の授業などで、児童が指導についてこない様子が感じ取れたのです。

「これは、関係が悪くなる兆しかもしれない……」

そう思っても、相談する相手がいません。Ｇ先生は長い教師人生の中で初めて、言い表しようのない不安に襲われました。

Ｇ先生は昔から高学年を持つことが多く、「強い指導」を持ち味として学級経営を進めてきました。早い段階から学級内に規律を浸透させ、ルールを守らない子には少し強めの言葉で指導をする。そうした厳しさの中で、個々の力を伸ばす学級を作ってきました。それだけに、４月という時期に学級の規律が乱れ始めたことに動揺したのです。

「こんなことは初めてだ。先はまだ長いのに、果たして軌道修正して年度末までやっていけるのだろうか……」

そんな不安が頭に浮かび、眠れなくなることがありました。

Ｇ先生の不安は的中します。５月の連休明けには、明らかに数人の児童が指導に従わなくなりました。Ｇ先生はさらに厳しく指導しましたが、子どもたちの態度は変わりません。授業中も、掃除時間中も、目を離すと遊び出す始末。子どものふざけた態度に、Ｇ先生はますます厳しく指導しますが、内心は自身の指導が通用しないことへの焦りと不安が強まり、どうしたらよいのか分からなくなっていました。若手と組んだ学年で、ベテランである自分の学級だけが崩壊状態。学年合同の活動では、他クラスの児童への指導は通用したので、何とか体面は保てたものの、G先生の焦りは強まる一方でした。

1学期の保護者面談では、「うちの子に厳し過ぎるのではないか」といった声が、複数の保護者から寄せられました。そして保護者会で「クラスの乱れや子どもの問題行動は、G先生の指導のせいではないか」とある保護者が発言すると、一番手を焼いていた子どもの保護者がこれに同調し、保護者会はあっという間にG先生を糾弾する場と化してしまいました。一部には、G先生に協力的な声もありましたが、不満をまくし立てる母親たちの前に、かき消されていきます。G先生にとっては、もちろん教師キャリアを通じて初めてのことです。何とかその場を収拾したものの、終了後は茫然自失の状態でした。

その晩、なかなか寝つけなかったG先生がようやく眠りについたのは、明け方になってからでした。そして翌朝は身体が重く、強烈な頭痛に襲われ、起き上がれませんでした。1学期もあとわずかという時でした。

●受診後の経過

学校を休み始めて数日後、病院を受診したG先生は、「適応障害」と診断されました。

そして、いくつか薬を処方してもらった後、月に1～2回通院しながら自宅で療養することになりました。

「まさか自分がこんなことになるなんて……」

これまで、教師として順調なキャリアを歩んできたG先生にとって、指導に行き詰まり、精神疾患となって出勤できなくなるとは、到底受け入れがたいものでした。そして、休んでいることそれ自体をつらいと思うようになりました。

「この年齢で、家でこんなふうに何もせず引きこもっているなんて、一体どうなんだ……」

社会から取り残されているという寂しさと焦り、何もできず休んでいる自分への情けなさ、こんなはずはないと自分の現状を否定する思いが交錯し、学校に行けない現実との間で葛藤する日々が続きました。

休み始めて2カ月ほどすると、G先生にも現状を受け入れる気持ちが芽生え始めました。そして、徐々に症状は軽くなり、初冬には睡眠導入剤も含め、ほぼ服薬も不要になりました。G先生は年明けの復職を考え始め、同時に学校のことを思い出すことが増えました。

しかし、いざ復帰を考えた途端、現任校で自分の置かれた立場が頭に浮かんできました。言うことを聞かない児童、大きな声で責める保護者、そして他人行儀な同僚……。教壇に立ったときの光景が頭に浮かぶと、再び不眠と頭痛に襲われました。

あのクラスに戻るのは、とても無理だ……。自分の指導スタイルが通じなかった挫折感はまだ生々しく、途中でクラスを放り出した自分が3学期に復職しても、子どもとの関係が修復できるとは思えませんでした。G先生は医師と話し合い、年度末までの休職を決意しました。学年が変われば、状況も変わる。新しい年度になったら、また一から頑張れるのではないか。そして翌年度に復帰訓練を行った後、G先生は復職しました。

ワンポイントアドバイス

異動も、メンタルヘルス不調のリスク因子の一つです。物品の置き場所や校舎の構造の違い、求められる教育実践の質の違い、そして前任校で得られていた自分への信頼がゼロからのスタートとなること、これによる校内外での発言力の違いなど、「当たり前だった日常が、当たり前でなくなった」ことに対処しきれず、不適応に陥ることがあります。「新たな経験は、人を若返らせる」と前向きに捉え、分からないことは率直に認め、新たにキャリアを積んでいく気持ちで、初年度には自分になるべく負荷を課さない姿勢が、必要かもしれません。

CASE 08

若手男性教諭を襲った突然の幻聴

事例の概要

不眠、得体の知れない恐怖、人の声、噂……。若手教師のH先生に降りかかったさまざまな体験の正体は、病気だった。治療を受けて、何とか回復したH先生だが、復帰までの道のりは長い。

●受診までの経緯

都市部の小学校に勤務する若手教師のH先生。初めは何となく寝つきが悪かっただけでした。「次の日は眠れるだろう」と思いましたが、翌日も眠りは浅く、明け方やっと少しだけ眠った気がしました。そのうち、どんなに疲れていても2〜3時間しか眠れなくなっていました。

そして、よく分からない緊張感を常に感じていました。何ともいえず異様な気配がそこかしこに立ち込め、不気味でした。朝の通勤電車もつらく、混んだ電車では人の視線や話し声が怖くて、叫び出したくなりました。なぜか、H先生のことを噂している人たちもいました。学校に着く頃には、すっかり疲れ果てていました。

ある日、教室に入ると、児童が刺すような目でH先生を見ました。H先生は怖くなったものの、必死の思いで授業を始めました。児童が手を挙げると、さらに恐怖は増しました。すると突然、教室に「臆病者！」とバカにする声が響きました。これまで、担任をなじるような子はいなかったので、H先生は心底驚きました。授業を続けるのがやっとで、注意する気力はありません。給食はほとんど喉を通らず、休み時間や放課後は、児童の声が耳にガンガン響いて吐き気がしました。

職員室に戻ったH先生を、同僚はとがめるように見ました。うまく授業ができない自分を軽蔑しているようです。割れそうな頭を抱え、何とか書類を広げようとすると、突然「バカ！」という声がしました。同じ学年のA先生のようです。でも、隣のA先生は、何事もなかったかのように仕事をしています。す

受診時のプロフィール

年　齢：20代半ば
性　別：男性
勤務先：都市部の中規模校
校　種：小学校（4年生担任）
病　名：統合失調症

ると今度は、離れた所から「あいつはダメだな」「しょうがないわよ」という声がしました。そして次の瞬間、H先生を責める声は職員室中に広がりました。

H先生は、耳をふさいでその場にうずくまりました。驚いたA先生が心配して手を差し伸べましたが、H先生はそれを振り払い、突然立ち上がりました。そして近くのごみ箱を蹴飛ばし、大声を上げて壁を叩き始めました。何事かと管理職や同僚が飛んで来ると、H先生は放心したように立ちすくみました。好青年ないつものH先生とは、まったく別人でした。

管理職は急いでH先生とは別に暮らしていた家族に連絡を取り、状況を話しました。家族が学校に来るまでの間、何人もの職員が校長室のソファに座らせたH先生を取り囲んでいました。

●受診後の経過

翌日、H先生は管理職と養護教諭、家族に付き添われて病院を受診しました。あれから一睡もせず、家族も一晩中目が離せない状態だったH先生は、すぐに入院となりました。家族には医師から、「統合失調症の可能性が高い」との話がありました。

約2カ月の入院後、H先生は退院しました。治療は安定剤や睡眠導入剤などによる薬物療法を中心に行われました。薬を飲むと、頭が抑えられるような、ぼうっとした感じがあり、すっきりしませんでしたが、入院前の恐ろしい感覚に比べれば、よほどましでした。具合が悪かった頃の記憶は所々抜けていましたが、聞こえてきた声や、自分では現実としか思えなかったいろいろな考えが、病気による幻聴や妄想だったことを、今は理解していました。

退院後、H先生はずっと気にかかっていた学校に電話をかけました。迷惑を掛けたことを詫びると、校長は「気にしないように」と言い、何より退院を喜んでくれました。H先生はありがたくて涙が出ました。

統合失調症で激しい症状が出た場合、落ち着いた後に、エネルギーが枯渇したような時期が、比較的長く続きます。H先生も退院後3カ月余りは、ほぼ毎日ゴロゴロしながら過ごし、毎日12時間以上眠りました。家族はそんな様子を見て、「廃人になってしまうのではないか……」と不安そうでしたが、医師は「大病を経た病み上がりの時期であり、今後に向けての充電期間と考えてください。家庭療養以上のレベルまで回復するには、1年近い時間が必要でしょう」と説明しました。

退院から半年ほど経つ頃から、少しずつ睡眠時間が短くなり、多少動いてもさほど疲れないようになりました。そこで医師は、運動を勧めました。H先生は、ウオーキングを始め、ほぼ毎日、決めた時間は歩くようにしました。読書もしてみましたが、まだあまり長くは読めませんでした。

　このようにして、月単位で少しずつ回復していったH先生は、退院から1年が経つ頃、復職をどうするか悩むようになりました。復帰したいと思う一方で、不安もあります。でも、好きでなった教職を簡単に諦めたくはありませんでした。悩むH先生に、医師はこうアドバイスしました。

「一番怖いのは再発で、これを防ぐことが最も重要です。そのためには、薬をきちんと飲むことと睡眠を取ること、そして無理をしないことが大切です。長期的に見れば、まだ病気が悪かった時期からの回復途中です。このまま再発しなければ、もう少し良くなる余地があります。また、今の状態で十分仕事がこなせるかといえば、まだ厳しいと思います。悪くなるのを防ぎつつ、どの程度の作業や仕事なら無理なくできるのか、見極めることが必要です。リハビリをしながら見極めていきましょう」

　医師の言葉を受け、H先生は日常生活でのリハビリから始め、半年ほど経ったところで、医療機関での職場復帰訓練に臨みました。その後に行われた学校での職場復帰訓練でも、病状は安定しており、休まずにこなすことができました。予想以上の回復状況で、H先生は医師や管理職と話し合いを行い、通院と服薬を必ず続けること、2日間眠れない日が続いたら速やかに受診すること、これが可能な体制を学校側が組むことなどを確認した上で、職場復帰することが決まりました。H先生が学校に正式に戻ったのは、休み始めて3年目でした。

ワンポイントアドバイス

統合失調症は、120人に1人程度が発症する比較的頻度の高い病気です。統合失調症に対する薬物療法は近年進歩しており、病気そのものもかつてに比べて軽症化しています。しかし、幻覚や妄想などの症状が落ち着いても、意欲低下、感情の平板化、思考のまとまりの悪さ、不安になりやすいなどの症状が続く場合もあり、教職を続けることが難しいケースも少なくありません。これらの残遺症状は、再発のたびに重くなる傾向があるので、服薬の継続や睡眠時間の確保等による再発防止が最も重要です。

CASE 9

長年頑張り続けた果てに燃え尽きたベテラン女性教諭

事例の概要

心身が悲鳴を上げながらも、不登校児童宅を足しげく訪問するなど手厚い対応をしていたI先生。そんなある日、仕事の都合で訪問できなかったがために保護者の怒りを買い、管理職からは思わぬ一言を投げかけられて燃え尽きてしまう。

●受診までの経緯

大学卒業後に小学校教師となり、以後仕事一筋で生きてきたI先生。もともと子どもが好きで、クラスの子どもたちをわが子のように思い、愛情を持って指導に当たってきました。穏やかで優しい物腰のI先生は、どちらかといえばおとなしい性格の子どもたちから慕われるタイプでした。一方で、やんちゃな子どもたちも、包み込むような人柄と粘り強い指導を通じ、着実に成長させていました。

趣味は「教材研究」。そう言ってもよいくらい、I先生は日常生活のすべてが、新たな教材づくりや授業のアイデアにつながっていました。職員室の中では物静かで目立ちませんでしたが、仕事ぶりは正確かつ丁寧で、同僚や管理職からも信頼されていました。

そんなI先生ですが、40代になった頃から、少しずつ体力の衰えを感じ始めました。体育の授業で無理をしたり、仕事に夢中になって睡眠不足になると、疲れが残り、回復に時間がかかるようになったのです。

行事や繁忙期が終わると、不調が顕著になりました。体のしびれや痛み、だるさ、めまい、動悸、息切れ……。ある年の1学期後、不調がピークに達したことから、I先生は近隣の内科にかかりました。しかし、検査結果は異常なし。医師からは様子を見るようにと言われました。

しかし、その後も不調が続いたI先生は、耳鼻咽喉科や整形外科も受診しましたが、どの科に行っても異常は見つかりません。途方に暮れるI先生に、医師は精神科への受診を勧めました。

受診時のプロフィール

年　齢：50代半ば
性　別：女性
勤務先：地方の中規模校
校　種：小学校（3年生担任）
病　名：自律神経失調症（身体表現性障害）

●受診後の経過

「ストレス性の不調と考えて、おそらく間違いないでしょう」

他科での受診結果を踏まえ、精神科の医師はそう言いました。仕事は楽しいことばかりで、ストレスになっているとの認識がまったくなかったI先生は驚きます。しかし、対症療法として有効な可能性があるとのことで、少量の抗うつ剤と精神安定剤、睡眠剤を処方してもらいました。すると間もなく、症状は一気に改善しました。

「こんなことだったら、もっと早く診てもらえばよかった」

明るくそう話すI先生を見て、医師は複雑な表情でこう言いました。

「元気になったのはよかったですが、現在は薬が症状を軽くして、紛らわせているだけです。体の不調は、体が無理をしているという「黄色信号」ですから、本来ならそれ以上無理をしないようセーブしなければなりません。仕事のやり方を見直して、やり過ぎないように工夫できないでしょうか」

心配する医師に、I先生はにっこり笑って答えました。

「私、やり出すと止まらないんですよね。納得がいくまでやらないとダメで、夢中になっちゃうんです。症状が出るのは夏休みや冬休みに入ってからなので、いつ頃オーバーワークになったのかもよく分からないんです」

I先生はその後も10年以上にわたり、薬を飲みながら仕事を続けました。しかし、当初は薬で劇的に症状が抑えられましたが、年齢を重ねるにつれてさまざまな不調が抑えられなくなりました。そして、時には起き上がれず、休まなければならない日も出るようになりました。仕事の忙しさは増す一方で、次第に通院間隔が空くようになっていきました。

その年、I先生のクラスには、Aさんという不登校気味の児童がいました。I先生は毎朝、Aさんの家に立ち寄り、放課後には教材やプリントなどを届けていました。Aさんの母親はそんなI先生に心を開き、さまざまな身の上話をするようになりました。Aさんが生まれてから現在までのこと、不登校になり始めた頃のこと……。日々相談するうちに、母親はI先生に、自分自身のことや生活上の悩みも話し出し、次第にAさんの話よりも自分の話をすることが多くなっていました。

そんな中、事件は起きました。ある日の朝、I先生は仕事の都合で、Aさんの家に行けませんでした。前日に「明日は行けないかもしれません」と告げてはいたものの、気になって休み時間に電話をかけたところ、電話に出た母親は激しい剣幕で怒りだしました。

「今朝、先生が来てくださらなかったので、うちの子は泣いていますよ。どういうことですか！」

Aさんの母親と信頼関係は築けている――そう思っていたI先生はショックでした。毎朝、Aさんの家に行く時間を作るのは、簡単なことではありませんでした。それなのに一所懸命やってきたことが、まさかこんな形になってしまうとは……。

その日の午後、I先生は一連の出来事を管理職に報告し、今後の対応を相談しました。すると、管理職からは思いもよらない一言を投げかけられました。

「毎日行っていたのが裏目に出たね。そこまでしなくてもよかったのに」

I先生は、奈落の底へ突き落とされたような気持ちになりました。私がやってきたことは、すべて無駄だったんだ。あれだけ苦労したのは無意味なことだったんだ。確かにそうかもしれないけど……。I先生に、管理職の言葉を受け止める力は残っていませんでした。

翌朝、I先生は起き上がれませんでした。数日後、何とか出勤すると、まずAさんの母親に謝罪の電話を入れました。そして、毎朝行くのは時間的に難しいので、必要なときに放課後訪問するとだけ伝え、電話を切りました。そして、それ以後は、訪問しても用件だけで手短に済ませました。今回の出来事や結果的に中途半端な対応になってしまったAさんのことなどを考え、I先生は教師としての自信と意欲が急速に萎えていく自分を感じていました。

年度末、Ｉ先生は管理職に退職届を出しました。管理職は、ばつの悪そうな表情でそれを受け取りました。これからは自分のために生きることにしよう。長年にわたり子どものために尽くしてきたＩ先生は、そう考えるように変わっていました。

ワンポイントアドバイス

努力をし続けた挙句、期待したような成果や評価が得られなかった場合、極度に疲弊した状態になる「燃え尽き症候群」に陥ることがあります。そうなると、生き生きとした感情が失われ、物事への意欲が湧かず、やりがいも感じられなくなります。それまで熱心に取り組んでいたことも、突然「どうでもよい」という気持ちになって、できなくなります。重症になると万事どうでもよくなり、人を避けて引きこもることもあります。心身の変調に早めに気づくこと、過度に超人的な負荷を自分に課さないこと、周囲がねぎらうことなどが、予防になります。

CASE 10

段階的な職場復帰訓練で、うつによる休業から復帰した中堅男性教諭

事例の概要

困難な学級を担任したことで抑うつ状態となり、休業したＪ先生。復帰を焦るＪ先生に、医師はしっかり調整をしてから復職するよう指示。周囲の支えもあり、約６カ月の職場復帰訓練期間を経て、教師として復職を果たす。

●受診までの経緯

かつて学級崩壊を経験した学年で、担任をすることになった中堅のＪ先生。緊張の連続の中で１学期を終え、何とか良い方向にまとまるかもしれないと希望が芽生え始めた２学期、転入生のＡ君が来たことで事態は一変してしまいます。間もなく、Ａ君とクラスの中心的存在の子どもとの間に、周囲の児童と一部の保護者を巻き込んだトラブルが頻発

するようになり、J先生は生活指導と保護者対応に追われて疲弊しました。そして11月、ある大きな行事を終えた翌朝に、突然体が動かなくなってしまい、精神科を受診して休業することが決まりました。

●受診後の経過

休業開始後は、毎日どうにもならないほど気持ちが落ち込み、1日中ほとんど横になっている日が続きました。考えるのは学校のことばかり。休んでいることが申し訳なく、情けなく思いました。薬のおかげで夜は寝つけるようになったものの、学校での指導がうまくいかずに立ち往生している夢ばかりを見て、目が覚めました。

そんな状態が3カ月ほど続いた後、J先生はようやく、自発的に外出する気持ちが起こるようになりました。とはいっても、もっぱら夕方や夜に人目を避けるように外出する程度でした。

このまま復職できないかもしれない……。

休んだ当初はそんな不安に苛《さいな》まれていましたが、その後少しずつ昼間にも外出できるようになると、今度は「来年の4月に

受診時のプロフィール

年　齢：30代後半
性　別：男性
勤務先：郊外の小規模校
校　種：小学校（5年生担任）
病　名：抑うつ状態（適応障害）

は学校へ戻らなくては……」と焦りました。しかしながら、現実にはまだ回復途上で、半日外出しただけで翌日は横になってしまう状態です。２月になり、「４月に復帰したい」と医師に話したものの「早過ぎる」と一蹴されました。

「動けるようになった以上、すぐにでも復職すべきではないか……」

そう思い込んでいたＪ先生は戸惑います。しかし、医師は今の状態で復職しても前のように働けるはずもなく、早晩休むことになってさらに自信を失うだろうと思っていました。

Ｊ先生の所属する自治体には、復職のためのリハビリとして、医療機関で行われる職場復帰訓練と、学校で行われる職場復帰訓練とがありました。焦るＪ先生に医師は、まず医療機関での復帰訓練に参加してみることを提案しました。学校とは別の場で仕事と自分を見つめ直し、活動する体力を徐々につけていくためです。

そうして訓練に参加し始めたＪ先生は、実際に活動してみると、体力が思いのほか落ちているのを痛感します。週３日、１日６時間のプログラムでしたが、最初の頃は疲れが翌日まで尾を引き、プログラムのない日は横になって過ごすこともありました。

プログラムの内容は、スポーツ、模擬授業、集団での話し合い、考え方やコミュニケーションの取り方を見つめ直すワーク、レクリエーションなど。10人いる参加メンバーは校種・教科がバラバラでしたが、仲間と話す経験は良い刺激になりました。模擬授業では、自分の授業を新たな角度から見直すきっかけが得られるとともに、授業を受ける体験を通じて子どもたちの気持ちが少し理解できた気がしました。また、考え方を見直すワークでは、自分が気づかないうちにうつに陥りやすい思考をしていたことを知り、驚きました。そして何より、自分と同じような境遇にある仲間との交流を通じ、「休んでいるのは自分だけではない」と、孤独感から救われたのは、大きなものがありました。話し合いの場で、自分が休んだ経緯を思い切って打ち明けると、仲間から温かい言葉で励まされました。こうしてＪ先生は、医療機関での復帰訓練を通して、学校での訓練に臨む体力と気力を少しずつ取り戻していきました。

その後、Ｊ先生は3カ月間にわたる学校での職場復帰訓練に臨みました。最初に、訓練担当機関から派遣された相談員と管理職との合同面談で、訓練のプログラムを作成しました。訓練は短時間から始め、毎日日誌をつけること、最終的には授業を行うことなどが盛り込まれました。

とはいえ、Ｊ先生は不安でした。皆が忙しいのに、自分だけ中途半端な時間に帰ること、教育実習生さながらの日誌を書くことなどに、抵抗感があったからです。子どもたちや保護者の目も気がかりでした。しかし、相談員や医師の助言もあり、割り切って訓練に臨むことにしました。

実際に訓練が始まると、初日は極度の緊張で帰宅後はへとへとでした。比較的単純な作業でも手際が悪いことに焦り、案の定、自分一人だけ立場が違う孤独感も覚えました。

ちょうど同じ頃、医療機関で一緒に訓練を受けた仲間にも、学校で復帰訓練を始めた人がいました。連絡してみると、同じ悩みを抱えていることが分かりました。「誰もが通る道なんだ」と少し安心しました。２週間が過ぎる頃には作業能率も上がり、学校に半日居てもさほど疲れなくなりました。

訓練が２カ月目に入り、時間も放課後までになると、同僚と話す機会が増えました。休み時間は校庭に出て子どもと接し、給食指導補助にも入るようになりました。子どもと接する前は心配でしたが、実際に接してみると拍子抜けするくらい何ということもありませんでした。教材研究をしていると、授業をする日が待ち遠しくなりました。

授業は、まずサブティーチャーとして入り、次いでメインティーチャーとなりました。何度か授業をするうちに、以前の勘が戻ってきました。

訓練期間中に同僚の様子や学校の動きを見て、学校という職場の大変さもよく分かりました。

「あの時、無理をして４月に復帰しなくて本当に良かった……」

Ｊ先生は復帰を焦っていた自分を思い出して、そう思いました。日誌を読み返すと、日々の積み重ねを通じて、心身が次第に職場に慣れたことが実感できました。この間、管理職は子どもや保護者への通知、同僚への協力要請、仕事の調整など、訓練が滞りなく進むよう計らってくれました。職場と訓練担当機関の協力の下、つつがなく訓練を終え、無事職場復帰を果たすことができたＪ先生は、支えてくれた人たちへの感謝の思いで一杯になりました。

‼ワンポイントアドバイス

メンタルヘルス不調の状態になって医療機関を受診する時点で、直ちに休まざるを得ないケースが少なからずあります。いったん休業した場合、回復まで長期間を要することが珍しくありません。休業が長期に及ぶほど、療養生活に慣れた心身が復職後の生活に慣れるのに苦労し、また、職場から離れた間の情報不足も、復職後のハンディになります。復職前に復帰訓練などの慣らしを入念に行うことにより、勤務可能な状態に心身を調整するとともに、知るべき情報を把握でき、正式復帰後の再休業リスクを低減できる可能性があります。

CASE 11

教師間の人間関係に悩み、心を患った中堅女性教諭

事例の概要

特別支援学校に勤務するK先生。共に学級を組むA先生、B先生、C先生と、最初は問題なかったが、ある時を境にA先生との関係が悪化。その後、B先生、C先生との間にも亀裂が生じ、校内での立場を失っていく。

●受診までの経緯

都市部にある特別支援学校へ異動してきた30代半ばのK先生。少し年上の女性教諭A先生とベテランで主任の女性教諭B先生、若手の男性教諭C先生の4人で学級を組むこととなりました。

初めの頃、4人の人間関係は良好でした。特に親切にしてくれたのが、一番年齢の近い

A先生。勝手が分からないK先生を何かと気にかけてくれて、校内のさまざまなことを教えてくれました。日々の授業のこと、子どもの様子や家庭環境、書類の記入方法、物品の保管場所、果ては同僚や管理職の癖や性格……。K先生は、来たばかりの自分にかなり深い話までしてくれるA先生に、自然と信頼を寄せるようになりました。

学級でも、何事もはっきり主張するA先生の意見は、尊重されていました。経験が浅く、まだどこかぎこちないC先生、優しくはあるがやや優柔不断な印象を与えるB先生と比べて、A先生は声も大きく、リーダーシップに優れていました。学級内だけでなく、A先生は他学級の教師や管理職からも、一目置かれているようでした。

しかし、子どもへの関わりでは、K先生はA先生に違和感がありました。A先生の実践は、学級の統制を保つことに主眼を置き過ぎているようで、「もう少し子どもの気持ちに寄り添ってもよいのでは……」と感じられたのです。A先生は、しばしば子どもを厳しく叱責しました。当のA先生は「この学校の指導方針」と説明しましたが、実際には学級ごとに方針は異なっていました。

ある日、K先生はB先生に、日頃口に出せなかった疑問を聞

受診時のプロフィール

- **年　齢**：30代半ば
- **性　別**：女性
- **勤務先**：都市部の中規模校
- **校　種**：特別支援学校（小学部）
- **病　名**：適応障害

いてみました。

「私の指導に対する考え方は、子どもに甘過ぎるでしょうか」

するとB先生はこう答えました。

「そんなことないわ。私も前はもっと子ども自身のペースを優先した指導をしていたの。そういう指導もありだと思うわ」

K先生はそのとき初めて、B先生自身の考えを聞くことができました。そして、B先生の感覚は、A先生よりも自分に近いかもしれないと思いました。

そんなある日、A先生の授業にサブティーチャーとして入ったK先生は、全体の進行の妨げにならない範囲で、担当の子どもの自発的な動きを待つ指導をしました。すると、子どもは普段以上にしっかり取り組み、見学に来ていた保護者も喜びました。

しかし、授業後の会議では、A先生がK先生に詰め寄りました。

「K先生、今日はなぜきちんと指導しなかったんですか？　あんなやり方で、子どもや保護者の受けさえ良ければいいというつもりなんですか!?　子どもがだらしない大人になったら、あなたはどう責任を取るんですか！」

あまりの剣幕に驚き、K先生は言葉に詰まりました。そして「学級の方針とずれていました。すみませんでした」と謝りました。しかし、それから数日間、A先生の態度は冷ややかでした。同じ学級の担任同士で関係が悪いのは、K先生にとってはつらいことでした。その翌週、A先生の機嫌が直ったように見えました。ほっとしたのも束の間、今度はB先生がよそよそしい態度を取るようになりました。そして間もなく、C先生からも避けられているように感じました。K先生は思い当たることがなく、狐につままれたような気分でした。

そうした状況が何日も続き、K先生は思い詰めて、他学級の教師に相談しました。するとその教師は、K先生がまったく想像していなかったことを言いました。

「あなた、陰でB先生のことを悪く言ってるそうじゃない？『自分はあんな指導はやらない』って」

K先生は何がどうなっているのか、さっぱり分かりません。B先生の指導には共感するところが多かったからです。考えた末に思い出したのは、先日、B先生の授業での取り組みに感激して、思わずA先生に話した内容でした。

「B先生すごい。あんなこと、私にはできないわ」

その他に、「K先生が学校に批判的な発言をした」「C先生を陰でバカにしている」などの噂も流れているようでした。噂の火消しをしようにも、周囲に信頼してもらえず、焦りが空回りして裏目に出てしまうこともありました。

2学期に行われた校長との面談では、思いがけない言葉を投げかけられました。

「K先生、周囲とうまくいってないそうですね。もう少し協調性を持って仕事をしてください」

こんなことを言われたのは初めてでした。K先生はどう振る舞ったらよいのか、まったく分かりませんでした。

3学期には、安心して話ができる人は職場にいなくなっていました。仕事中は絶えず、周りからどう思われるだろうかと考えるようになりました。自分が何を言って、何をやっても、周りから反感を持たれそうな気がしました。特に怖くてたまらなかったのは所属学級でした。夜は眠れず、朝は鉛のように体が重く、休日はとめどなく涙が出るようになりました。そしてとうとう学校へ行けなくなり、精神科を受診しました。

●受診後の経過

K先生が病院で受けた診断名は「適応障害」。睡眠剤と精神安定剤を処方してもらった上で出勤を試みたものの難しく、しばらく自宅療養することになりました。

当初、K先生は一連の出来事について、心の整理ができていませんでした。しかし、休んでいるうちに少しずつ、状況を冷静に振り返ることができるようになりました。それでも、A先生に対する恐怖心は薄らぐことはなく、あの学級への復職は難しそうでした。

そこで医師は管理職を含めた三者面談を行い、K先生の視点からの状況の確認と、今後復職に向けた学校側の対応について話し合いました。その結果、復帰時期は翌年度として、別の学級に入ることが決まり、K先生は何とか職場復帰を果たすことができました。

ワンポイントアドバイス

仕事上のストレスの筆頭に挙げられるものが人間関係です。学校でも、人間関係のこじれからメンタルヘルス不調に陥ることがあります。特に同じ学年や分掌など、常に連携しなければならない立場の人との関係は、影響が大きくなります。そして、関係者の個性によっては、複数の人間関係が絡んだより複雑な様相を呈することもあります。教師のストレス軽減要因として、同僚との人間関係が良好であることを示唆する調査結果がありますが、孤立した場合は逆に作用するといえるかもしれません。職場の人間関係の問題では、このケースのように「離れる」ことが唯一の解決策であることが多いように思われます。

CASE 12

ミスが増え始めた教頭病院で受けた診断は……

事例の概要

ある頃からミスが増え始めたL教頭。書類の誤字や重要事項の報告漏れ、物の紛失……。校長や他の教師たちも、あり得ないミスの連続に困惑していた。あるいはうつ病かもしれない。校長はそんな疑いを持ったが、受診結果は予想外のものだった。

●受診までの経緯

教諭時代も含めると30年以上、さまざまな地域・校風の学校を経験してきたL教頭にとって、2年前に異動してきたこの学校での仕事も、取り立てて大変なことはありませんでした。そんなL教頭が、その年は校長から注意を受けることが増えていったのです。

始まりは、教育委員会からの電話でした。

「先日提出いただいた書類に、不明な点がありました。該当箇所は……」

ミスがあったのは、L教頭が作成した書類。本人から報告を受けた校長は驚きました。幸い、比較的単純な記載ミスだったのですぐに解決し、大きな問題にはなりませんでした。しかしながら、それまでL教頭の作った書類をほぼそのまま通していた校長は、同じミスを繰り返すことがないよう、不注意を厳しく叱責しました。そしてその後は、L教頭が作成した書類に細かく目を通すことにしました。

すると、同じようなミスや誤字脱字などが見つかることがありました。校長はその都度L教頭を呼んで注意しましたが、ミスは一向に減る様子がありません。注意するといつも恐縮して、「これからは細心の注意を払います」と答えるL教頭に、なぜこんなに不注意なのかと校長は疑問でした。

そんなある日、L教頭はUSBメモリーを紛失してしまいます。幸い個人情報は入っていなかったものの、一歩間違えれば処分にもなりかねない事態です。その後、USBメモリーは思いがけない場所から見つかりましたが、肝を冷やした校長はそれ以降、L教頭に重要な仕事は任せないと決

受診時のプロフィール

年　齢：50代半ば
性　別：男性
勤務先：都市部の中規模校
校　種：小学校
役　職：教頭（8年目）
病　名：若年性認知症

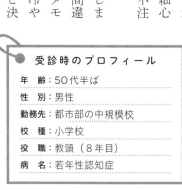

めました。そのことを厳しく伝えると、L教頭は平謝りに謝りました。しかし、校長の剣幕に圧迫感を覚えたL教頭は、それ以後、校長に対してすっかり委縮するようになり、ミスはさらに増えました。

校長との関係が悪化し始めた頃、重要事項の報告漏れ、打ち合わせのダブルブッキングなど、L教頭の失態は続きました。ある日には、L教頭の伝達ミスが原因で、保護者が学校に不信感を持つ事態が発生し、担任を巻き込む騒ぎに発展しました。当のL教頭は、その場しのぎの弁解に終始するばかりです。

L教頭に対する不信感は、やがて学校全体に及び、信頼を失ったL教頭は職員室で孤立しました。仕事が遅れがちなため、教育委員会からは書類の督促が頻繁に来るようになりましたが、L教頭は前年度の書類を提出したり、教育委員会と書類の修正でやり取りを繰り返した挙句に、まったく未修正の書類をそのまま提出したりすることもありました。

L教頭の経歴から考えて、その仕事ぶりは考えられないものでした。校長への反発から手を抜いているといった様子もなさそうです。教育委員会の担当者は、校長に「L教頭は病気かもしれないので、受診を勧めるように」と伝えました。校長も「うつ病かもしれない」と考えるようになっていたので、L教頭を校長室に呼び、一度病院で診てもらうように告げました。

●受診後の経過

数日後、校長とＬ教頭と妻とで、精神科を訪れました。精神科では、それぞれから詳しく話が聞かれ、中でも職場でのミスの具体的な内容については、細かく質問されました。そして、血液検査、ＭＲＩ、脳波検査、心理テストなどのさまざまな検査を受けることとなりました。

検査結果が出そろった時点で、Ｌ教頭は妻と2人だけで再び病院を訪れました。そこで医師から、個々の検査結果についての説明があり、「初期の認知症の可能性が否定できない」と告げられました。

先日の心理テストで思った以上に答えられなかったこともあり、Ｌ教頭は「もしかしたら」と覚悟はしていました。しかしながら、実際に告げられるとショックは大きいものがあり、しばらくは放心状態となりました。家ではまったく異変がないので、今年度のさまざまなトラブルは、校長のパワハラが原因ではないかと疑っていた妻も、医師の話に驚き、にわかには信じがたい気持ちでした。

その後、医師から今後について話がありました。今は有益な薬があって進行を遅らせることが可能なこと、まだ早期なので努力や工夫によって症状が改善する余地が少しあること、現時点では普通の生活に支障はないこと、ただし高い業務遂行能力が求められる教頭職を続けていくのはとても難しいこと……。L教頭と妻は、時々質問を挟みながら、医師の話を聞きました。妻のショックは、L教頭以上に大きいものがありましたが、次第に状況を理解し、夫を支えていこうと決意しました。

L教頭から報告を受けた校長は、耳を疑いました。若年性認知症の存在は知っていたものの、身近な人間がなるとは思いもよらなかったからです。一方で、ここ最近のL教頭の変調を思い返せば、そういうことだったのかと納得する部分も多々ありました。

「もう少し早く気づいていたら、学校経営上の混乱も防げたし、L教頭の名誉も傷つけずに済んだかもしれない……」

校長は、L教頭を気の毒に思いました。そしてL教頭の意向を聞き、3月末まではそのまま出勤してもらって無理なくできる仕事のみをやってもらい、他の仕事は校長自身がカバーすることにしました。

薬を飲み始めると、L教頭は少し活力が湧くのを感じ、最初に受診したときよりも前向きになれました。医師は、そんなL教頭を見て、こう言いました。

「今の仕事を続けるのは非常に厳しいですが、家庭での生活はまだまだ普段通りにできます。これからは、今の時間を大切にして、家族との生活をもっと充実させてはどうでしょう。どちらにしても、仕事はいずれ定年で退職します。少し早く自分なりの定年を迎えても、できることはまだたくさんあるので、新たな生活でできることを精一杯やってみてもよいのではないでしょうか」

家族とよく話し合った末、年度末での退職を決めたL教頭は、治療を続けながら、在職中には忙しくて諦めていた趣味や、何より家族との生活を充実させようと決意していました。

‼ワンポイントアドバイス

65歳未満で発症する認知症は、若年性認知症と呼ばれています。約2000人に1人弱が発症する比較的まれな病気です。内訳としては、脳血管性が多く、次いでアルツハイマー型となっています。脳血管性の場合は、脳梗塞や脳出血などの脳血管障害が原因となりますので、高血圧のコントロールなど日頃の健康管理によってリスクを減らせる可能性があります。アルツハイマー型では、初期にうつ病のような症状が出る場合がしばしばありますが、うつ病でも一見認知症のような症状が出ることもあり、鑑別が難しいことがあります。

CASE 13

自己判断で服薬を中止 再発を繰り返した中堅男性教諭

事例の概要

赴任する先々の学校で、部活動指導に心血を注いできたM先生。ある時、チームの敗北をきっかけに不調に陥り、精神科を受診。いったん回復後、再発するも医師の指示を守らずに自己判断で服薬を中止。再発を繰り返してしまう。

●これまでの経緯

M先生が初めて精神科を受診したのは、30代後半の頃でした。運動部の顧問になりたくて中学教師となって以来、赴任する先々で心血を注いで部活動指導に当たってきたM先生は、すでにその界隈では名の知れた存在となっていました。部活動は自分の生きがい。そう語るM先生が前任校2年目のとき、期待したチームが県大会に出場したものの、残念ながら1回戦で敗れてしまいました。

「今年は優勝も狙えると思ったのに……」

M先生は悔しさで胸が一杯でした。周囲の教職員や生徒も、M先生の日頃の熱心な指導を思うと、落胆ぶりは痛いほど分かりました。

しかし、皆が新たな目標に向かって気持ちを切り替え始めた頃になっても、M先生の落ち込みは一向に変わりません。それどころか悪化する一方で、日頃「過去を見るな！」と叱咤激励するM先生らしからぬ状態でした。仕事も手につかずたまる一方で、授業準備もままならない状況……。そして次第に、眠れない、食欲が湧かない、疲れが取れない状態となり、体重も減りました。

1カ月経っても一向に気持ちが上向かず、周囲も家族も本格的に心配し始めた矢先、M先生はついに出勤できなくなってしまいました。そして、家族と職場の勧めで、初めて精神科を受診しました。医師の診断は「うつ状態」とのことで、抗うつ剤が出されました。幸い薬は2週間あまりで効き始め、1カ月半ほどで出勤できるようになりました。

その後は、医師の指示の下、再発防止のために半年ほど通院

受診時のプロフィール

年　齢：40代半ば
性　別：男性
勤務先：地方都市の中規模校
校　種：中学校（保健体育）
病　名：双極性障害（躁うつ病）

と服薬を続け、その間ずっと症状は安定していました。そのため、薬の量は徐々に減らすこととなり、復帰から1年足らずで治療は終了しました。

2度目は、現任校に異動した初年度。新たな環境に慣れず、加えて生徒たちとの関係がしっくりせず、指導に自信を失ったことがきっかけでした。1学期の大きな行事が終わって間もなく、M先生はどうしようもないほど、気持ちが落ち込んでいきました。そして、再度精神科を受診。この時は、初回時より薬の効果が出るのに時間がかかったものの、2カ月程度で回復し、ほぼ元の状態に戻りました。

数年前の病気が再発した可能性がある――そう考えた医師は、回復後も維持療法として服薬を続けるべきだとM先生に伝えました。しかしM先生は納得できず、「良くなったのに、なぜ薬が必要なんですか?」と医師に聞きました。すると、医師はこう説得しました。「こうした状態になったのは今回が2回目ですので、こうなると今後も繰り返す可能性が高いです。再発防止のためには、飲んでおいた方がよいのです。風邪とは違います」

M先生は、出された薬をしぶしぶ飲んだものの、無駄な気がしてなりませんでした。その後、仕事が忙しくなったM先生は、予約していた通院日に都合がつかなくなってしまい、キャンセルしました。そして、いつか予約しよう……と思いつつ、延ばし延ばしにしていました。周囲がM先生のことを「まだ病院に通って薬を飲んでいるのか。薬に頼り過ぎているんじゃないか」と思っているような気がして、引け目も感じていたのです。

　そうしているうちに、手持ちの薬を全部飲み終わり、完全に薬がなくなりましたが、M先生は元気なままでした。

「なあんだ。薬を止めても、何の問題もないじゃないか。むしろ、すっきりして気分がいいくらいだ。多分、新しい学校に慣れていなかっただけで、もう病気は治った。二度とあんな状態にはならないぞ」

　M先生は自信を深めました。

　翌年度、M先生は校内でも屈指の活躍ぶりを見せました。部活動指導でも「向かうところ敵なし」といった感じの威勢の良さ。生徒にはもちろん、同僚にもリーダーシップを発揮し、頭の回転も非常に速く、仕事がどんどん片付きました。

　一方で、やや強引なところ、仕事の粗さなども見られ、一部の同僚は不安を抱きました。しかし、表立ったトラブルが起きることはなく、終業式を迎える頃にはM先生も一時ほどの強引さはなくなり、穏やかになっていました。そして、翌年度は比較的平穏に過ぎました。

　しかし、現任校4年目の5月、事態は急変します。遠方に住むM先生の父親が病気になって入院。実家との往復を繰り返す中で忙しさが増し、仕事が滞りがちになったM先生の状態は急速に悪化していったのです。眠れない、食欲が湧かない、疲れが取れない……。気がつけば、以前とまったく同じ状態に陥っていました。

●その後の経過

間もなくM先生は、妻と共に精神科を受診しました。そこで医師から指摘されたのは、「双極性障害」の可能性でした。いわゆる「躁うつ病」です。調子が良かった一昨年については、「軽い躁状態の可能性がある」と言われました。実をいうと、医師は2回目のときから双極性障害の可能性を疑っていたものの、それまでは決め手がなかったのです。一方のM先生は、「うつ」と言われていたのに、今度は「躁うつ」と言われ、好調だった一昨年のことを病気だと言われたりしたことが腑に落ちず、今一つ納得できませんでした。

この時は介護問題も重なり、回復には時間がかかりました。半年以上の休みを経てようやく復帰したM先生は、休職中の遅れを取り戻すべく、仕事に邁進しました。同時に、「もう病気にならない」と決意を固めていました。

忙しい学校現場に身を置いていると、通院のために時間を割くのがはばかられます。病院の予約日に突発的な事態が起こって、予約をキャンセルすることが重なり、M先生は再び通院と服薬をしなくなりました。その後も好調な日々が続き、今さら病院に行く気はなくなっていました。しかし、服薬をやめてから3カ月後、M先生は4回目の「うつ状態」に陥りました。この時は、職場復帰訓練期間も含め、復職まで2年近くかかりました。

ワンポイントアドバイス

双極性障害（躁うつ病）は、躁とうつの波を繰り返すため、当初の症状が良くなっても基本的に服薬は続けることになります。しかし、これはなかなか受け入れ難いことですので、「うつ状態」のときには服薬を欠かさなかった人が、普通の状態や「躁状態」になると、「治った」と思って薬を止めてしまうことがあります。「躁状態」のときの言動では、怒りっぽさやあまりに独善的な振る舞いなどで、身近な人との関係が損なわれる場合もあります。躁とうつのどちらの状態も再発はつらいものです。治療は、躁とうつの振れ幅を抑える感情調整剤を主とした薬物治療が中心です。薬以外にも、就寝時間を必ず一定に保つことは大変重要です。

CASE 14

育休から復帰後、仕事と家庭に挟まれて心を病んだ女性教諭

事例の概要

2人の子どもを出産後、約5年ぶりに職場へ戻ったN先生。大きく変わった職場環境に戸惑い、育児・家事との両立に苦しむ中で、精神的に追い詰められていく。そんな中、家庭でも学校でもトラブルが続いてしまう。

●受診までの経緯

大学卒業と同時に教職に就いたN先生は、仕事を始めて3年目に会社員の男性と結婚しました。夫の仕事は忙しく、深夜まで残業が続く毎日。N先生の仕事も忙しかったものの、夫よりは早く帰宅できたので、結婚後も独身時代と同じように仕事に打ち込んでいました。

そんなN先生が妊娠し、産休に入ったのは教職5年目のときです。産休に入ると生活は一変。当初は社会から取り残される不安もよぎりましたが、とりあえずこれまで十分にできていなかった家事にいそしみました。それ以前は週末になると家事を一緒にやってくれた夫は、平日も家にいるようになったN先生が1人で家事をこなすようになると、何もしなくなりました。

子どもが産まれるとさらに生活は変わり、毎日があっという間に過ぎていきました。そうしてそろそろ職場に復帰しようと考えていた矢先、N先生は第2子を妊娠します。結局、第2子の育児休暇明けまで、続けて休むことにしました。

2人目が産まれると、日々の生活は一層忙しくなりました。乳幼児2人の世話に明け暮れる毎日は思いのほかきつく、夫の帰りを待ちわびるものの、仕事で疲れた夫に話を聞く余裕はありません。一時は、疲労と孤独感から精神的に行き詰まりそうになりましたが、友達や親、保健師への相談等で何とか乗り切りました。そして徐々に主婦としての生活が板につき、家事・育児を一手に引き受けても、わずかながら自分の時間を持てるようになっていきました。ちょうどその頃、子どもたちを保育

受診時のプロフィール

年　齢：30代前半
性　別：女性
勤務先：都市部の中規模校
校　種：小学校
病　名：抑うつ状態

所に入れる目途がつき、N先生は復職を決意します。産休に入って以来、実に5年ぶりでした。

久しぶりに戻った学校は、かつてと同じ職場とは思えないほど大きく様変わりしていました。まず驚いたのが、職員室の年齢構成。ほぼ全員が異動で入れ代わり、半数以上は自分より若い20代の教師で占められ、雰囲気はまったく変わっていました。

仕事自体も、さまざまな点で変わっていました。学習指導要領の改訂を受けて教科書の中身も変わり、一部教科ではICT機器の活用も始まっていました。5年のブランクがあるN先生は、まさに「浦島太郎」状態。初任時のように分からないことだらけでした。

加えて、子どもを抱えながら働く生活が、こんなに大変だとは思いませんでした。朝、子どもたちを保育所に送ることは夫が引き受けてくれたものの、5年間、家事や育児からすっかり遠ざかっていた夫は、支度の済んだ子どもを保育所に送り届けるだけでも大層な協力と思っているようで、平日はそれ以外の家事はしません。毎日、保育所からのお迎えの後にご飯を食べさせ、お風呂に入れ、洗濯の後は翌日の保育所の準備をし、子どもを寝かしつける頃にはヘトヘトで、子どもと一緒に寝てしまうこともしばしばでした。朝4時前に起きてその日の授業の準備をすると、時間はいつもギリギリ。子どもを起こし、慌ただしく朝の支度をさせて夫に託すと、職場へ飛んで行きました。

子どもが熱を出すと、保育所に引き取りに行かなければならないことも、N先生は復帰して初めて知りました。下の子は頻繁に体調を崩し、保育所から連絡が入りました。電車で数十分の所に住む親に応援を頼むこともありましたが、必ずそれができるとは限りません。

若手の多い職員室は、夜9時を過ぎても、煌々《こうこう》と明かりがついています。どの教師も忙しく、打ち合わせは当たり前のように終業時刻後に行われました。

「すみません。今日の会議、ちょっと時間の都合で出られなくて……。明日の朝、結果を教えてください」

保育所から子どもたちを引き取らなければならないN先生は、そう言って先に帰る毎日が続きました。学年には他に子育て中の教師はおらず、次第に溝が広がっていきます。

「N先生、いつも私たちに押し付けて、ちょっとずるいよね」

「やる気あるのかなぁ」

周囲からは、次第にそうした声が上がり始めます。N先生は、周囲から浮いていくのを感じていました。

平日だけでは仕事が終わらず、週末の1日は子どもを夫に託し、学校で仕事をしました。するとある時、夫が目を離した隙に下の子が公園の滑り台から落下し、頭部を打ってしまいました。運良く大事には至らなかったものの、N先生は自分が家族を放り出していたせいだと、自らを責めました。

職場でも家庭でも息つく暇もない生活に、N先生は少しずつ追い込まれていきました。そして、クラスで発生したトラブルへの対応が長引く中、急激に体調が悪化します。体中がだるく、重く、休日は涙が止まらない……。そしてとうとう学校へ行けなくなりました。

●受診後の経過

精神科を受診したN先生は、軽い安定剤を処方され、当面は病気休暇を取って自宅で静養することになりました。幸い症状は軽く、1カ月程度で状態は改善してきましたが、仕事に対しては、「こんな自分が職場に戻ってもよいのだろうか」と悩み続けました。

しかし、これまでの経緯を整理する中で、N先生は次第に自分の状況を振り返ることができるようになりました。「自分が頑張ればなんとかなる」と考えて忙しい夫と十分に話し合ってこなかったこと、本当は夫にもう少し大変さを理解してほしいと思っていたこと、夫婦だけでなく人手を借りなければ今後はやっていけないと思うこと。そして、親の協力や公的な支援を得ることが不可欠だろうとの方向で、考えがまとまりました。

N先生は夫と話し合って気持ちを伝え、、夫の理解と納得を得た上で、両家の親の協力を仰ぐとともに、公的な育児・家事支援サービスを活用することにしました。そして、職場復帰訓練をしながら、実際に支援を受けてみて、「何とかやっていけそう……」との手応えを得ました。

自分一人で無理なときは、抱えなくても何とかなる場合がある。そうした実感を得たことで、N先生は好きな仕事に心から復帰したいと思うようになっていました。

ワンポイントアドバイス

育児休業は最長3年間取得でき、その間に妊娠すればさらに延長可能です。そのため、人によってはかなりの期間、現場を離れることがあります。病気による休業と事情は違いますが、職場を離れる期間が長引くほど、学校のリズムを忘れ、情報にも疎くなり、復帰した際の戸惑いは大きくなります。加えて、生活も激変するため、育休明けの初回復帰はとりわけ大変です。あらかじめ先輩教師に相談したり、復職支援セミナーなどで情報収集をして、家族とよく話し合い、対策を立てておいた方がよいでしょう。また、復帰後数年間は、以前ほど仕事だけに全力投球できないことも、心得ておいた方がよいでしょう。

CASE 15

不登校対応をめぐり職場で孤立した養護教諭

事例の概要

養護教諭として20年近いキャリアを持つO先生。勤務校の教師は皆忙しく、連携が取れていない状況を危惧していた。そんなある日、不登校気味の女子生徒への対応をめぐり、他の教師との間に溝ができてしまう。

●受診までの経緯

養護教諭として中学校に勤めて20年近くになるO先生は、この学校に来て以来、他の教師とうまくコミュニケーションを取れないもどかしさに頭を悩ませていました。

年度当初の健診などには、どの教師も協力してくれました。しかし、細かな連絡が行き届かないケースが多々ありました。そして、連携がうまく取れていない状況は、自分に対してだけでなく、他の教師同士の間でも見られました。

「ここの学校、先生方との連携が取りづらい感じがするんですよね……」

ある日、O先生は同年代の事務職員に、職員室の印象を伝えてみました。事務職員とは、仕事上のやり取りを通じて早い時期から打ち解け、気の置けない間柄になっていました。

「そうなんです。実は、事務に寄せられる要望も、人によってバラバラで困ることが多いんですよ」

事務職員は、ため息をつきながら同意しました。O先生は、自分だけが感じていたことではなかったのだとほっとする一方で、残念な思いもしました。

この学校では、教師同士が話し合う姿を見ることも少なく、どの教師も忙しそうで、最低限の情報交換だけをしているようでした。生徒についての率直な話し合いがなされている場面はほとんど見られません。進学実績を上げることに手一杯で、生徒の心の問題にまで目を配る余裕はないようでした。

それでも異動1年目は、比較的無難に過ぎました。トラブルが起きたのは、2年目のことです。保健室に時々顔を出す生徒

受診時のプロフィール

年　齢：40代前半
性　別：女性
勤務先：郊外の中規模校
校　種：中学校（養護教諭）
病　名：抑うつ状態

の中に、気になる女子生徒が1人いました。障害のある弟のいるA子で、この年、腹痛や頭痛などを訴えて保健室に来る頻度が増えていました。

O先生はA子をスクールカウンセラーにつなぎましたが、保健室に他の生徒がいないときなど、A子は家庭の話をすることがありました。弟をめぐって家の中がぎくしゃくしているらしく、なるべく波風が立たないよう、A子は両親に気を遣いながら過ごしているようでした。

そのA子が、1学期後半からぽつぽつと学校を休むようになりました。親に心配をかけまいとするA子が、学校に来られないのはよほどのことに違いありません。A子の性格、家庭環境を知るO先生は、気が気ではありませんでした。それまで、A子から聞いた話を忙しい担任に伝えることは控えてきましたが、そろそろ潮時だと思い、相談することにしました。しかし、担任の反応は思いもよらないものでした。

「A子の家庭事情は、別に昨日今日始まったものではありません。そんなに問題視する必要はないでしょう。あえて事を大きくするようなことはやめてください」

まさにけんもほろろといった感じでした。

それからしばらくすると、驚いたことにO先生について、「保健室で取り巻きを作っている」「生徒に必要以上に関わり、問題を大きくする」などの噂が流れ始めたのです。こうした噂が広まるのは速く、O先生と教師との関係がぎくしゃくするようになると、保健室での気づきを共有することは、ますます難しくなりました。

2学期に入ると、A子はほとんど学校に来なくなりました。O先生は、A子に対して何もできなかった自分を責めました。他の教師と連携できず、養護教諭としての気づきが保健室止まりの状況では、生徒の心身の成長や教育活動への貢献は極めて乏しいものになってしまいます。生徒のために養護教諭として何の力にもなれない、もはや自分がこの学校にいても仕方ないのではないか……。そう考えるようになり、眠れない日々が続きました。そして、スクールカウンセラーに勧められ、精神科を受診しました。

●受診後の経過

O先生は医師に、これまでの経緯を詳しく話しました。話すことで、O先生は自分自身で問題を整理できるようになっていきました。そして、病院で抗うつ剤と軽い睡眠導入剤を処方してもらい、それらを服用しながら勤務を続けました。

その後もO先生は通院しながら仕事を続ける中、一つの結論に達しました。勤務校の中で自分ができることを見つけること、自分がどう思われているかはあまり考えずに他の教師との関わりを少しずつでも増やすこと、そうして徐々に理解者を増やしながら活動の幅を広げていくことなどです。

A子の学年では、不登校になったA子に対し、今後どのように対応するかが話し合われることになりました。その時、O先生にも声がかかりました。O先生は、これまでの経緯を思うと複雑でした。しかし、生徒のことを思えば、教師同士のすれ違いなど乗り越えるべきだ、自分も協力を惜しむ場合ではない、そう自分に言い聞かせて会議に臨みました。「事を大きくしている」と噂された当時、多くの教師がO先生に距離を置いていましたが、この頃から少しずつ風向きが変わってきました。学年会でも、多くの教師がO先生の意見に真剣に耳を傾けました。いつの間にか、私にもそれなりの立場ができていたのかもしれない。O先生は、この学校に来て初めて手応えを感じました。

その後O先生は、生徒だけでなく各教師にも目を配りながら、職務に従事しました。特に注意を払ったのは、情報共有を通じて共通理解を図ること。教師間の連携がともすれば不足しがちなこの学校では、こまめにコミュニケーションを取ることが重要だと考えたのです。

O先生は、その後も通院を続け、そのたびに自分の実践を振り返りました。そうして自分がやるべきことを頭の中で確認し、養護教諭としての職責を積極的に果たしていきました。

3年目、A子は時折学校に来て、保健室にも顔を出すようになりました。しかし、もう誰も「保健室がたまり場になっている」とは言いませんでした。

残念ながら、A子は普通に登校するまでにはなりませんでしたが、O先生は卒業までつながりを持ち続けました。A子の卒業を見届ける頃、最初は馴染めなかったこの学校で、O先生は自分の実践が周囲に受け入れられ、信頼を得ていると実感できるようになっていました。

ワンポイントアドバイス

一人職である養護教諭は、職場内の立ち位置も独特です。良い方向にいけば保健の専門家として、児童生徒や保護者のみならず同僚・管理職からも信頼を寄せられる一方、ともすれば孤立しやすい職種でもあります。しかし、子どもたちは大人以上に、心の変調が体調や行動の変化として現れることが多く、子どもからのSOSをいち早く察知しやすいのも、やはり養護教諭だろうと思います。保健室から見た子どもたちの様子が、徐々に職場全体の児童生徒理解の深まりにつながるよう、地面に少しずつ水がしみこむような、地道な実践を重ねていただきたいと願っています。

第4章

学校の先生にお勧めしたいストレスマネジメントアラカルト

精神疾患や心身症は、ストレスの蓄積を引き金として発症することがしばしばあります。ここでは、自分自身のストレスマネジメントとしての「セルフケア」と、職場のストレスマネジメントとして管理職等が行う「ラインケア」について、解説します。

01 セルフケア
――自分でできるストレスマネジメント

生きていく上で、ストレスはつきもの。それ自体、特に良いものでも悪いものでもありません。ただ、強過ぎるストレスや、個人的に苦手とするストレスを受けた場合に、問題が起こることがあります。

問題が起こる場所は、他でもない自分の心身です。そこで、心身をケアすること、いわゆる「ストレスマネジメント」が必要となります。

ストレスマネジメントにおいて陥りがちな勘違いが、「ストレスの原因を何とかしなければならない」という発想です。例えば、「あの人の、ああいう態度がストレスだ」「こんなことを言われて、頭に来た」という場合に、「あの人に態度を改めてもらわねば」「訴えてやる」と考えてしまう人がいます。気持ちは分かりますが、これはストレスマネジメントとは別次元のことです。

もちろん、相手が嫌な言動を取らなくなれば、それに越したことはありませんが、相手の態度が変わっても変わらなくても、訴えることができてもできなくても、ストレスマネジメントに取り組むことはできます。また、相手の態度が変わったり、訴えが認められたりしても、「あのとき、ああだった」と過去の嫌な思いが繰り返し思い出されて、自分のコンディションは一向に良くならない……などということもあります。

「私が苦しい思いをさせられているのに、何で私ばかりが治療を受けたり、自分でケアをしなければならないの？」

そんな疑問を持つ人もいます。しかし、原因となったストレスがどこにあり、何であろうと、自分自身をケアをすることでしか、ストレスによる反応を緩和することはできないのです。

そこで、ここからは自分自身のコンディションに目を向けて悩みから気持ちを切り替えるスキル、リフレッシュのヒント、心身の健康のベースとなる睡眠の整え方、認知や思考を見つめ直す方法など、ストレスマネジメントに役立つ具体的な方法をいくつか紹介したいと思います。どれも、比較的簡単な、いわば「入門編」ですが、取り組んでみると効果が実感できることと思います。

セルフケア1

マインドフルネス ——今この瞬間に意識を向ける

手軽さ★★★★★　効果★★★★☆

「マインドフルネス」という言葉を聞いたことはないでしょうか。仏教の「瞑想」や「禅」をアレンジした技法ですが、ストレスマネジメントとしてだけでなく、集中力や創造性を高める上でも効果があるとして、最近は企業研修等でも積極的に取り入れられています。この方法の良いところは、いつでもどこでも気軽に実践できる点です。加えて、きちんと実践すれば、ストレス耐性が高まるだけでなく、物事を正確に観察し、把握する力も高まります。

ところで、「ストレスがたまる」のは、なぜでしょうか。それは、嫌なことやつらいことが起こったということ以上に、そのことを頭の中で繰り返し「再生してしまう」ことによります。管理職や同僚の不快な言葉を思い出したり、授業公開後のアンケートにあった厳しいコメントが頭から離れなかったり、昨日の授業で生徒がバカにするような態度を取ったことがずっと気になっていたり……。そうした「思考の反すう」によって、ストレスをため込むことになってしまうのです。

そうは言っても、嫌なことは自然と頭に浮かび、考えてしまうものです。そして、「考えるのをやめよう」と思えば思うほど、ますますそのことを考えてしまいます。

繰り返し「再生してしまう」のを止めるには、二つの方法があります。一つは、別の考えに置き換えること、もう一つは今起こっていることだけに集中することです。「マインドフルネス」は後者のセルフケア法です。やり方はいろいろありますが、まずは基本となる「身体の感覚」を感じることから始めてみましょう。呼吸に伴う体の感覚、動くときの筋肉の感覚、じっとしていてもひとりでに起きてくる感覚など、普段は気づかない感覚を感じ取り、観察することで、ストレスをため込む「負の思考」から離れることができます。具体的な方法を次ページに紹介しますので、ぜひ実践してみてください。

マインドフルネスのやり方〈例〉

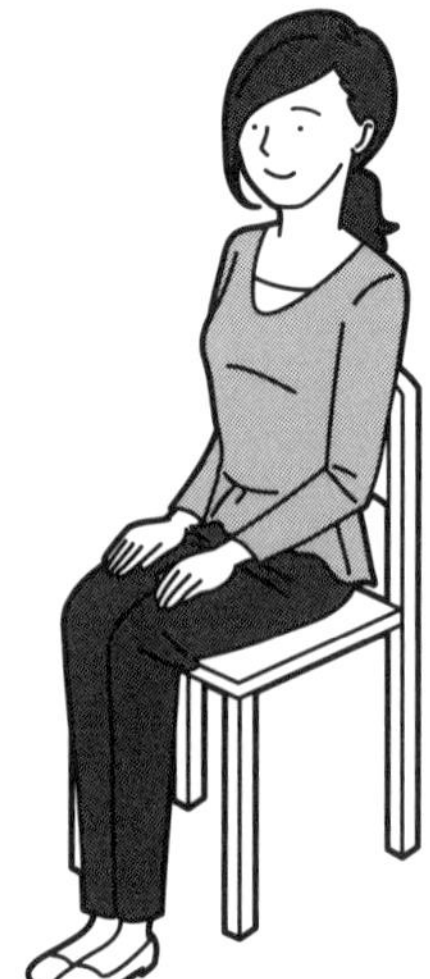

① 椅子に座り、背筋を伸ばして、体の力を抜きます。手は足の上に乗せておきます。

② 呼吸に意識を向け、**鼻から空気が入る感覚**、出ていく感覚を感じ、観察します。鼻の穴のすぐ下や少し奥など、空気の動きを感じやすいところに意識を向けるとよいでしょう。鼻の感覚が分かりにくい場合は、**お腹に意識を向け**、呼吸によって動いている感じを観察します。

③ **椅子に接地したお尻の感覚**を感じます。

④ **床に接地した足裏の感覚**をつま先→かかとの順で感じます。

⑤①～④をそれぞれ1～2分程度繰り返します。できるだけ細かく感じてみてください。また、①～④の流れにとらわれず、①の後にどれか一つだけ行っても構いません。また、意識を向ける場所を絞らず、座ったまま体のいろいろな箇所にひとりでに起こってくる感覚をその都度観察するのもよいでしょう。

場所は、視覚的な刺激の少ない部屋の方がやりやすいと思います。体がふらつかなければ、目を閉じて行っても構いません。静かな所がよいですが、慣れればどこでもできるようになります。音楽がかかっていても構いませんが、好きな曲だとそちらに気を取られてしまい、体の感覚に集中することができなくなるので注意してください。

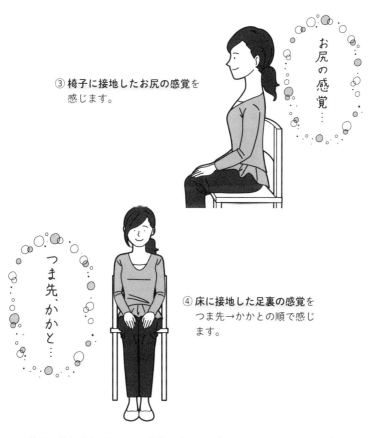

ここで紹介したのは座って行う方法ですが、なかなか集中できなかったり、飽きてしまう場合は、歩いているときの感覚を感じ取り、観察することからやってみましょう。気になることがどうしても頭から離れない場合なども、こちらの方がうまくいきます。

その際は、背筋を伸ばし、なるべく上半身は動かさないようにして、歩くにつれて足が動く感覚を感じ取りながら歩きます。動きのなめらかさや硬さ、次々と動く筋肉の感覚、足の裏の感覚、痛みがあれば痛みの感じなどをそのまま感じましょう。

途中で気になることを思い出してしまったり、気持ちがそれているのに気づいたら、その都度、動きに意識を戻します。この、切り換えも大事なポイントですが、歩いているときは動きがあるので、切り換えやすいです。片方の足を踏み出したとき、足の裏がついたとき、重心が移動するとき、もう片方の足が地面を離れるとき、その足を前に踏み出したとき……その時その時の動きや感覚をなるべく細かく感じ取り、観察するようチャレンジしてみてください。

この他にも、起立した状態で、足の感覚や体幹（胴体）の感覚、足裏の感覚などその時気づいた感覚を観察するという方法もあります。また、さらに集中力を高め、よりきめ細かく観察するために、体の動きや感覚を言語化して観察するという方法もあります。例えば、歩いているときであれば、足の動きを感じながら、「右足、左足」などと頭の中で言葉にします。「言葉にすると、そのことに気を取られて感覚が鈍くなるんじゃない？」と疑問が湧くかもしれませんが、実際には余計なことに気持ちがそれる頻度が減るだけで、まったく問題ありません。

「マインドフルネス」によるセルフケアは、短時間でも構いませんので、取り組みやすいものから、1日の中で気づいたときに実践してみてください。回を重ねるうちに少しずつ、気持ちが落ち着きやすくなるのを実感いただけると思います。

POINT

ストレスを感じていることに気づかない？

意外に思われるかもしれませんが、自分自身の不快な感覚や感情に気づきにくい人は、少なくありません。空腹や疲労をあまり感じず、長時間働きづめでも平気な人、つらいことや嫌なことがあってもいつもニコニコしているいい人、大変な状況でも一所懸命に頑張り愚痴もこぼさない真面目な人……。職場や周囲にいると助かるこのような人たちは、「失体感症」や「失感情症」と呼ばれる、体の感覚や感情に気づきにくいタイプの人である可能性が高いのです。

こうした人たちは、心身症になりやすいと考えられています。ちょっとしたストレスをストレスと感じず、自分の心身の変調への気づきが鈍いので、心身に明らかな不具合が起こって初めてストレスがあったことに気づくのです。高血圧、糖尿病、頭痛、腰痛、肩こり、喘息、摂食障害、メニエール病、甲状腺疾患……。こうした疾患や症状が心身症である可能性は大いにあります。特に学校の教師には真面目な人が多く、心身症になる人も多いのではないかと思います。

その意味でも、ストレスの存在に気づくこと、自分の身体や気持ちの状態を自覚できるようになることが大切です。同時に、自分が苦手とする、あるいは元気になる状況のパターンが分かってくれば、ストレスによるダメージを軽減することができるでしょう。

セルフケア2 趣味・スポーツに興じる

手軽さ★★★☆☆　効果★★★☆☆

好きなことに没頭すれば、その間、嫌なことやつらいことは忘れることができます。中でもお勧めはスポーツ。運動は脳を刺激し、セロトニン分泌を増やす効果があることが知られています。テニス、卓球などは、都市部でも比較的簡単に楽しめますし、手近な所にトレーニングジムがあれば水泳もよいでしょう。

一番手軽にできるものとして、ウオーキングもお勧めです。次の項にも書きましたが、自然の中のハイキングならば効果倍増です。なお、週3回程度、30分間のウオーキングやジョギング、ヨガ、水泳などの有酸素運動を行うと、認知症予防にもつながることが知られています。

また、歌が好きならカラオケもよいでしょう。曲の世界に入り込み、お腹から思い切り声を出せば、嫌なことを忘れて心が軽くなります。歌いたいけど人に聞かせる自信がないという人や、誘う相手が見つからないという人も、最近は1人専用のカラオケボックスがありますので楽しんでください。

「自分にはこれといった趣味がない」という人は、楽器や絵、料理など何か新しい習い事にチャレンジしてみてはいかがでしょうか。日々教えること、どちらかといえばアウトプットに偏りがちな教師にとって、まったく未知の分野で新しいことを教えてもらう体験は新鮮なものです。うまくできなくても構いません。むしろ、新しい体験を通じて脳に刺激を与え、新たな回路を作って活性化を図るという意味では、「できたりできなかったりする」ことほど良いといえます。仕事ではないのです。「下手の横好き」「できない自分」や「失敗する自分」を楽しむくらいのつもりで、トライしてみてください。きっと「こんな世界もあるんだ！」と、新しい自分を発見できると思います。

セルフケア3 自然・動物と触れ合う

手軽さ★★★★☆　効果★★★★☆

自然には、癒しの効果があります。当院の入院患者さんも、自然の多い公園などを散策して帰って来た日は、表情が明るくなり、夜も熟睡できる人が多くなります。おそらく、ウオーキングによる効果に加え、自然界にある「ゆらぎ」が、心身の調子を整えてくれるからだと思われます。

「ゆらぎ」とは平均値からの変動を指し、ゆらぎを持つ刺激は、生体にリラックス効果を与えるとの研究報告があります。人工物に囲まれた暮らしの中では、この「ゆらぎ」を感じる機会がほとんどありません。一方で、自然界には木洩れ日やそよ風、川のせせらぎなど、たくさんの「ゆらぎ」があります。そうした「ゆらぎ」の中で多くの時間を過ごせば、心身ともにリラックスできます。

また、動物との触れ合いもお勧めです。動物と触れ合うことにはストレス軽減や自尊感情向上などをもたらす力があります。犬や猫に限らず、鳥や魚、亀などでも構いません。動物を飼っていない場合は、野鳥の観察や、近くに川があれば泳いでいる魚を眺めたりするだけでも効果があります。動物が苦手な方は、植物との触れ合いをお勧めします。植物を育てたり、眺めたり、そっと触れたり、公園の木や道端の草を眺めたりして、一息つきましょう。

また、一部の香りにはリラックスやリフレッシュの効果があります。お勧めは植物系の香り。ラベンダーの香りには鎮静作用が、葉っぱ系の香りには疲労回復の効果があります。手近なところでは、緑茶も効果的です。香りだけでなくビタミンCも摂れて、一石二鳥です。

POINT

異業種の人との交流を大切にする

教師は常に授業のこと、子どものことを考えてしまいがち。教師仲間での飲み会も、気がつけば教育論で侃々諤々《かんかんがくがく》……なんてことも少なくないでしょう。でも、どんなに好きなことでも、いつも同じ世界にどっぷり浸っていると、いつの間にか発想がルーチン化し、じわじわとマンネリ気分に侵されます。そして、何となく仕事に身が入らない倦怠期が訪れたり、職人気質が強まり過ぎて予想外の事態が起きたときに柔軟な対応ができずに行き詰まりやすくなることも。そのためにも、異業種の知人など、まったく別の世界で生きている友達と時々会ってリフレッシュし、さまざまな考え方や発想、視点に触れる機会を大切にしましょう。

そうはいっても、「そんな時間はもったいない。自分は教育に身を捧げたのだから」という方も、いるかもしれません。でも、異業種の人との交流は、仕事にも生かせます。とりわけ保護者の大半は異業種の人ですから、考え方の理解に役立ちます。

セルフケア4
良質の睡眠を取る

手軽さ★★★★☆　効果★★★★★

「夜、布団に入っても眠れない」。現代人の5人に1人は、睡眠に悩みを抱えているといわれます。慌ただしい日中はさまざまなストレスにさらされ、ようやく帰宅した後もパソコンやスマホで光を浴びる生活。街は夜中でも24時間営業のコンビニやファミリーレストランなど明るい光に溢れている……。常にフル回転させられている心身が、急にクールダウンするのは難しいものです。

疲労回復効果やストレス耐性が高まるなど、心身の健康を保つ上で睡眠は非常に重要です。とはいえ、ただ長く眠ればよいというわけではありません。「良質な」睡眠を「規則正しく」取ることが、ポイントになります。

具体的に、どうすればよいのでしょうか。「睡眠の達人」となる方法を1日の流れにそって解説していきます。

①朝――必ず日光を浴びる

朝起きたら最初にしてほしいのは、日光を浴びることです。部屋のカーテンを開け、ベランダや庭に出るなどして、短時間でもよいので顔を明るい方向に向け、日光を浴びてください。雨や曇りの日でも大丈夫。時間のないときは、通勤時に少しでも明るい所を歩くようにしましょう。これにより、体内時計がリセットされ、夜の寝つきが良くなります。

②昼――可能なら30分の昼寝

「昼寝をすると夜眠れなくなる」とよくいわれますが、上手に眠れば大丈夫。14時頃までに30分程度の昼寝をすると、午後の活動の能率が高まり、かつ夜間の睡眠の質も良くなるといわれています。ただし、昼寝が長過ぎると逆効果です。お勧めは、昼寝をする前にコーヒーを飲むこと。コーヒーの覚醒効果は、飲んで30分後に効き始めるので、すっきりと目覚められます。教師の場合、勤務中の昼寝は難しいと思いますが、休日等に試してみてください。

③夜――夕食は就寝の3時間前までに済ませるのが理想

よく、「就寝前に食べると太る」といわれますが、良質な睡眠を取るという点でも、就寝前の食事は望ましくありません。夕食は、なるべく就寝の3時間前までに済ませた方がよいでしょう。

また、人は深部体温が下がるときに睡眠に入るといわれます。お勧めしたいのは、ぬるめのお湯にのんびりと浸かって、上がった後、1時間半~2時間後に床に就くことです。なお、寝る前の運動は、ゆったりしたストレッチ程度なら良いですが、普通~強めの運動は寝る3時間前までに済ませるようにしましょう。

寝つきが良くなるからといって寝酒を飲む人もいますが、これはまったくのNGです。お酒を飲んでの睡眠は、脳がマヒして起きていられない、いわば気を失っているような状態。お酒には覚醒作用があるので、睡眠の質を悪くし、目が覚めても疲れが取れないもとです。

なお、いわゆる不眠症の中には病気が原因のものもあります。その場合はまず治療を受けることが必要です。

セルフケア5　コラム法を用いて頭の中を整理

手軽さ★★★☆☆　効果★★★★☆

49ページで紹介した「コラム法」は、無意識のうちにしている思考の「癖」を見直す上で、とても効果的です。いつの間にかストレスや悩みで頭が一杯……という人は、コラム法をやってみると、違った考え方ができることに気づくかもしれません。

「コラム法」のやり方はさまざまですが、一例を紹介します。

STEP1　「状況」を書く

自分が「つらい思いをした」「不安になった」出来事を、なるべく具体的・客観的に、できれば5W1Hにのっとって記述します。次の「記述例③」のように、現時点より先のことを挙げても構いません。

記述例①「昨日、給食の時間に食べずに遊んでいたA君を注意したら、教室を出ていこうとした」
記述例②「今朝、同僚のB先生に挨拶したのに返事がなかった」
記述例③「明日、研究授業があるが、うまくできるか不安」

STEP2 「その時の気分（感情）」を書く

出来事が起きたときの感情を書きます。一番強い感情を100として、何％そう感じられたかも書きます。

記述例①「驚き100％、つらい90％。悲しい70％」
記述例②「ひどい90％　腹が立つ80％」
記述例③「不安100％、怖い90％」

STEP3 「考えたこと」を書く

STEP1で書いた「つらいこと」や「不安なこと」について、どう考えたかを記述します。

記述例①「A君は、私を教師として見てくれない。自分は教師に向いていないのかもしれない」

記述例②「バカにされた。こっちも無視してやろうか」

記述例③「研究授業なんかなければいいのに。逃げ出したい。きついことを言われるに違いない」

STEP4「別の考え」を書く

STEP3で考えた思考以外の考え方を書きます。思いつかない場合、人から同じ状況の相談を受けたときにどう答えるかを考えてみると、参考になることもあります。

記述例①「A君は、友達の前で叱られて決まりが悪かっただけなのかもしれない。出ていこうとしたけど結局戻ってきたし、注意を聞く気がまったくないわけではないんだ」

記述例②「B先生が返事をしなかったのは、考え事をしていたのかもしれない。朝出勤前に何かあって不機嫌だっただけなのかもしれない。挨拶した声が小さくて、聞こえてなかったのかもしれない」

記述例③「研究授業をすれば技量は高まる。厳しい言葉は『伸びてほしい』という愛情なのかも」

STEP5 「別の考えを書いた後の感情」を書く

記述例①「驚き70%、つらい50%、悲しい40%」
記述例②「ひどい60%、腹が立つ40%」
記述例③「不安80%、怖い70%」

STEP6 書き終えたら読み返す

コラム法の効果は、「書く」作業を通じて頭の中が整理されると同時に、異なる視点からも物事を見直し、自分自身の感情や考え方を見つめ直せる点にあります。「読み返す」うちに、無意識にしている自分の思考の「癖」に気づくかもしれません。コラム法のための記入シートを掲載しておきますので、試してみてください。

179ページのシートは、五つのコラムで構成されていますが、次のような構成で七つのコラムを書いて、今後の課題を見つけるという方法もあります。

① 状況
② その時の感情
③ 自分の考え

試してみよう！　ストレス解消のコラム法《記入シート》

コラム1 状況	
コラム2 その時の 感情	
コラム3 考えたこと	
コラム4 別の考え	
コラム5 別の考えを 書いた後の 感情	

Column 2

心の大掃除

「ネガティブ（ネガティビティ）バイアス」という言葉をご存じでしょうか。人間の認識は本来ネガティブなことに注意を引きつけられる特徴があるのです。自然な状態では、皆ネクラ、ということです。あまりに楽観的だと「アリとキリギリス」のキリギリスになってしまいますので、ネガティブバイアスは生き延びるための本能的な知恵といえます。それで、自然に何かを思い出したり、嫌でも考えてしまう場合、多くは悔しかったことやつらかったこと、がっかりしたこと、後悔すること、不安なことなどになるのです。輝かしい過去の栄光やバラ色の未来が真っ先に思い浮かぶことは、まずありません。

しかし、いろいろあった過去からネガティブなことばかり思い出すこと、未来の可能性から不安材料ばかり探し出すことは、絶え間ないストレスになります。しかも、必ずしも正確な認識ともいえません。そこで、過去や未来に思考を飛ばさず、今、この瞬間に意識を向け、ありのままの状態をできるだけ客観的に観察します。すると、それだけで、心にたまったストレスを掃き出すことができるのです。この技法が162ページで紹介した「マインドフルネス」です。この実践を重ねるにつれて、ストレスで一杯の心が徐々に変わってくると思います。

④　その根拠
⑤　自分の考えと反する根拠
⑥　④と⑤の矛盾を踏まえ「確かに○○だけれども、△△という事実もある」ことから導き出される考え
⑦　その後の感情

慣れてくると、もっと簡単に3項目くらいに絞って書いたり、頭の中だけで整理ができるようになることもあります。関心のある方は、ネットや書籍などで自分に合ったものを探して実践してみてください。

02 職場のストレスマネジメント
――管理職等によるラインケアの観点から

誰もが気持ちよく働ける職場であれば、仕事のストレスも軽減されます。とはいえ、学校の多忙化が進む昨今は、職員間のコミュニケーションも減る一方……。気がつけば、皆

自分の仕事をこなすのに必死で、殺伐とした空気に包まれていることがあるかもしれません。

その意味でも、組織におけるストレスマネジメントの取り組みが重要です。特に、管理職が行う「ラインケア」の果たす役割は、大きなものです。ラインケアとは、管理監督者に課せられた部下に対する安全配慮義務に基づくもので、具体的に次のようなものがあります。

○職場環境の把握と改善
○部下の状態把握、相談対応とその対処
○休業した部下への職場復帰支援

管理職が行うラインケアを主軸に、その他の教職員がソーシャルサポートとして支え合いの機能を果たすことができれば、職場のストレスマネジメントとしては理想形でしょう。そして、職場のストレスマネジメントが良好で、職員室の雰囲気が明るく温かいものであれば、その学校の子どもたちも安心して勉学に励めるに違いありません。

「管理職（校長）が変われば、学校が変わる」とよくいわれますが、職場のストレスマネジメントも例外ではありません。ここでは、常日頃、管理職としてどのようなことに気をつければよいか、いくつかのポイントを挙げてみたいと思います。

ポイント1　早期発見

ラインケアの第一ステップは「状況の把握」。不調に陥りそうな職員を「早期発見」することを心掛けましょう。

まず、職員室、学校全体の雰囲気を体感してください。そして、朝の挨拶のとき、一人一人の顔を見ましょう。朝から気になる様子の人がいるかもしれません。また、放課後にほっと一息つく「無防備」な時間の様子も観察しておきましょう。

いくつか気をつけるべきポイントを挙げます。

①見た目の変化…服装や髪型などの身だしなみが乱れ始めた人はいないか
②態度の変化…イライラしたり、だるそうだったり、表情が乏しかったりする人、職員室であまり見かけなくなった人はいないか
③仕事上の変化…遅刻や早退、年休が増えたり、仕事が遅れがちになった人や、トラブルが増えた人はいないか

最も把握しやすいのは③ですが、遅刻や早退、休暇取得が目立つ段階は、すでに赤信号が灯り始めている可能性が高いと考える必要があります。

どれも平常状態からの「変化」が目安となりますので、普段の様子をよく観察・把握しておく必要があります。日頃あまり目立たない人や異動したばかりの人、新任の人などは把握が難しいので、特に気をつける必要があります。また、自分自身が異動したばかりの場合は、他の教職員の気づきを参考にしましょう。

しかしながら、不調に陥る前に、必ずしもこれら①〜③の兆候が現れるとは限りません。学級経営や指導上の悩みを抱え、ぎりぎりまで頑張っていてまったく周囲に気づかれないまま、ぱったりと出勤できなくなってしまう人もいます。そこで、学級経営が困難になっていたり、特定の児童生徒への指導に行き詰まっていたり、保護者対応上の悩みが続いていたりする人にも注意が必要です。こうした状況になると、教育上の問題解決のために児童生徒や保護者の方ばかりに目が向きがちですが、当の教師にもかなりのプレッシャーがかかっていることにも気をつけましょう。

ポイント2 注意を払うべき人たち

職員室には幅広い年代・キャリアの教師がいますが、特に注意を払うべき人がいます。

具体的には、次のような人が挙げられます。

①新任教師

何もかも分からないことだらけの社会人1年目ですが、教師の場合、研修と仕事が並行して行われ、着任早々1人で授業や学級経営を任されます。連日子どもたちの前で教壇に立ち、毎時間自分の実践に数十人の目が注がれます。加えて、その背後にいる保護者たちも、新任教師を見ています。

社会人になり立てで、「一人前の教師」として振る舞わねばならない緊張とストレスは、一般の新入社員よりかなり大きいのではないかと思われます。学生時代に思い描いた教職のイメージと実際の現場との違いに、ショックを受ける人もいます。自分自身で何が分からないかも分からないという人もいれば、自分では正しいと思っていることが周囲とずれて混乱を引き起こす人もいます。また、先輩の指導に強い負担を感じる人もいます。不適応のパターンもさまざまで、周囲の目配りと声かけが欠かせません。

②異動したばかりの教師

勤労者にとって「異動」は、メンタルヘルス不調の大きなリスク因子です。教師の場合、昇進時を除けば異動によって仕事内容が変わるわけではありませんが、学校によって、あるいは地域によって、仕事の進め方は相応に違います。また、職場の年齢構成、職員室の雰囲気、求められる教育実践の質なども違い、異動後しばらく経ってから違いに気づくことも少なからずあります。そのため、異動してきた教師が職場に溶け込めなかったり、これまでの指導が通じなかったりして、思い悩むケースが少なくありません。

第1章でも触れましたが、前任校が長かったベテラン教師や初めて異動する教師は、特に注意が必要です。受診後休業に至る割合も、異動後1年目の教師はそれ以降に比べて高くなっています。教師歴の長短にかかわらず、異動してきたばかりの教師には、新任教師に準じるくらいの配慮が必要かもしれません。

③昇任したばかりの教師

学校には、指導教諭や主幹教諭、教頭、副校長、校長などの役職があります。そして、昇任によって立場や業務内容が大幅に変わると、たとえ事前に研修を受けていても、戸惑いを覚えることがあります。特に、昇任時に異動して、着任した学校のことをほとんど知らない状況で指導的役割を果たさねばならない場合は、かなりの苦労を強いられることがあります。ことに学校が変革期にあるときなどは、顕著になります。

　また、教頭・副校長は、児童生徒との交流など「教師としての喜び」が激減する一方、膨大な書類をはじめ多種多様な仕事が一気にのしかかります。教頭・副校長は管理職ではありますが、校長から見ればラインケアの対象者として気をつける必要があります。

④育児・介護中の教師

　育児や介護などを抱えている教師は、退勤後にダブルワークをしているような状況にあります。また、早めに退勤することが多いため、学校にいる間はひときわ忙しく、退勤後の職場の動きが分かりません。そのため、周囲から浮きやすく、孤立しがちです。周囲の人は、その人が不在時の打ち合わせ内容や決定事項などを漏れなく伝えるよう意識したいところです。

ポイント3　適時介入

　気になる人がいたら、次が「適時介入」の段階です。具体的には、「声かけ」「傾聴」し、必要があれば本人もしくは家族を、相談機関、医療機関などの専門機関に「つなげる」ことになります。

①声かけ

まずは「声かけ」ですが、ここでの目的は気がかりな相手を「話したい」という気持ちにさせることです。もともと信頼関係ができていて、何かあればすぐ相談を寄せてくれるような場合は、自然と向こうから相談に来てくれますので、このプロセスは不要です。しかし、多くの場合、そこまで密な関係はないでしょうし、中には忙しい管理職に遠慮してか、よほどでなければ相談しない人もいます。つまり、「話しにくいこと」を聞くのがこの「声かけ」ですので、「どうしたんだ?」「何があった?」などと詰問調にならないように、気をつけましょう。「最近どう? 大変そうだね」「疲れがたまっていませんか?」「週末、少しはのんびりできた?」といった感じで、寄り添うように話しかけるのがポイントです。

②傾聴

「声かけ」の次は「傾聴」です。相談を受けると、何かしら助言したくなるのが人情ですが、ことメンタルヘルスの問題に関しては、助言は慎重にしなければなりません。悩んでいる人の多くは、人に話す前に、散々どうしたらよいかと考えています。そのため、悩みを聞いたばかりの人が思いついたことを話しても、当の本人はとっくに考えているようなことも少なくありません。「それでもどうにもならないから困っているのに……」と、せっかく開きかけた心を閉ざしてしまう可能性もあります。

大切なのは「助言」よりも「共感」の姿勢を示すことです。「それはつらいね」「そんなことがあったら、大変だったね」などと同調すれば、話しやすくなります。また、本人の話をよく聴いた上で、疑問が浮かんだら質問を挟み、これはと思う助言を思いついた場合は、「こうしてみたらどうなるかな」といった感じで投げかけてみるとよいでしょう。もしくは、「そう思うんだね。自分だったらこういうふうに考えるかもしれない」と本人の気持ちを受けた後で、主語を自分にした「アイメッセージ」の形で伝えるなど、本人の考えを正面から否定しない発言が望まれます。

「傾聴」においては、その他に次のような点を意識するとよいでしょう。

①話を聞くのは1時間以内を目安にする。
②話し終えてすっきりしたようでも、引き続きその人の様子を観察して、しばらく経ったらまた声をかける。
③話し終えても何か気になる、引っかかることがあれば、専門家につなげる方向で検討する。

教師が、生徒指導や保護者対応で悩んでいるときに、最後のよりどころとするのは管理職や同僚です。「聴いてもらえた」「応援してくれた」という体験が支えになって、困難な状況を乗り切った人もいれば、それとは逆に上司の一言がダメ押しとなって出勤できなくなってしまった人もいます。その点で「声かけ」から「傾聴」に至るプロセスは、メンタルヘルス不調を未然に防げるかどうかの分岐点になり得るといえるかもしれません。

ポイント4　専門機関等へのつなぎ方

「声かけ」「傾聴」を経て、「やっぱり気がかり……」という場合は、専門機関へつなぐことを考えなければなりません。最近は、精神科受診の敷居が低くなっていて、当科では8割くらいの方が自分から思い立って受診しています。

しかし、少ないとはいえ、自分では受診の必要性を感じていないものの、管理職や家族に強く勧められて来たという人もいます。その中には病状が重いケースもあります。

以下は、病気が「重症と思われる場合」と、「それほどではないが心配な場合」とに分けた、取るべき対応です。

①重症と思われる場合

精神疾患が重症で本人は病気だと認識していない場合、入院治療が必要なこともあるので、家族がいれば連絡をすべきです。本人に「心配だから連絡する」と伝えた上で、連絡を取りましょう。また、勤務地所管の保健所に相談することもでき、守秘義務も守られますので、家族がいない場合や連絡が取れない場合は、保健所への相談も検討してください。

②それほどではないが心配な場合

【本人と信頼関係がある場合】心配していることを本人に伝え、直接受診を勧めてみてください。もし、受診に抵抗があるようならば、産業医に相談して、本人との面談を設定するのも一つの方法です。本来の業務からは外れますが、時には校医やスクールカウンセラーが相談に乗ってくれる場合もあります。

なお、ラインケアの立場にある管理職から、他のスタッフに相談する場合、あるいはその逆方向の場合のいずれも、本人の個人情報を取り扱うことになるため、守秘義務を順守する必要があります。最悪の場合、本人の知らないところで情報が独り歩きしていることが本人の耳に入り、それまで築いてきた信頼関係が一瞬で壊れることがあります。

【本人と信頼関係が十分にない場合】本人と信頼関係のある他の人を通じて受診を勧めて

もらえないか検討してみましょう。

ポイント5　人間関係の調整

職員室の雰囲気が良く、常に和気あいあいとしていればよいのですが、必ずしもそうとは限りません。教師とて人間、相性もあれば考えや個性の違いから、ぶつかり合うことも、関係がこじれることも、時には深刻な対立に発展することもあります。

こうした人間関係のこじれ・対立が原因で、心の病になることもあります。そのため、職場内の人間関係によって起こった問題の調整もラインケアの一つです。

①二人の関係性がこじれている場合

身もふたもない言い方ですが、「離す」ことがベストです。大人は子どもと違って、少しテコ入れをしたぐらいで関係が改善することはまずもってありません。ですから「離す」ことが、それぞれの意向を尊重した最善の対応となります。同じ分掌や学年は避ける、席を遠くするなど、それぞれが相手を意識せずに済む環境づくりをするのが現実的です。

②集団で人間関係がこじれている場合

より解決が難しく、状況によってケースバイケースの対応が求められます。関係する人数が多くなると、①のように「離す」のも難しくなります。コアになっている人を見極めて直接介入しても、よほど幸運でないとうまくいきません。

一般的に、職員一人一人のストレスレベルが高いと、人間関係がこじれるエネルギーが増します。そこで、ラインケアの一つである「職場環境改善」として、働きやすい職場づくりへの地道な取り組みが求められます。紙幅の都合もあり詳細は省きますが、職員の仕事に対するやりがいや達成感、充実感が感じられるような管理職の言動がポイントになります。そうして、職員の個人レベルでの職場ストレス軽減を図り、対立のエネルギーが徐々に減るような環境づくりをすることが、間接的に人間関係のこじれの緩和に役立つでしょう。

Column 3

「声かけ」と「傾聴」こんな言葉を使わないで！

■ ■ ■ ■ ■

「声かけ」と「傾聴」においては、あまり使ってほしくない言葉があります。

■ 叱咤激励（「大変なのは誰だって一緒」「お前だけじゃない」「しっかりしろ」「頑張れ」）
■ 指導（「○○しろ！」「自分が若い頃は……」）
■ 否定（「考え過ぎだ」「そんなんじゃダメ」「甘えている」）

もちろん、これらが「絶対にNG」というわけではありません。現実には、言葉の「内容」以上に「言い方」によって聴く側の気持ちが動くことが多々あります。大切なのは、相手を真剣に思いやること。最も良くないのはプライドを傷つける発言ですが、相手への思いやりがあればそうした言葉は出てこないはずです。逆に、言葉は優しくても背後に悪意があったり、計算が働いていたりすると、心が弱って敏感な状態にある本人には見抜かれ、信頼関係が損なわれることがあります。

03 メンタルヘルス不調者が出た場合

――求められる周囲との調整

メンタルヘルス不調者が出た場合、周囲にも配慮を要請する必要が出てきます。特に、休業後の職場復帰訓練中や復職後しばらくは、他の教職員と違った配慮が求められますので、周囲も事情を理解しておく必要があります。

しかしながら、メンタルヘルスの問題は、個人情報の中でも特に慎重に扱うべき極めてデリケートな情報です。191ページでも書きましたが、「同じ職場の仲間だから」と安易に伝えてしまうと、情報が独り歩きしてトラブルが生じかねないので、慎重を期す必要があります。

まずは本人の意向を確認しましょう。同僚に対して、何をどの程度伝えてよいか、事前確認が欠かせません。

本人の希望がどうあれ、病気について知らせないまま同僚の協力を得るのは難しいものがあります。しかし、そのデメリットを理解した上でもなお、本人が「なるべく知らせてほしくない」と言う場合は、意向にそうようにしましょう。

また、管理職等から同僚に伝える場合は、「プライバシーに関することなので、他に漏らさないように」と必ず口止めをしましょう。そして、その後本人に対し、誰にどう伝えたかを知らせると、本人と同僚とが話すときに戸惑わずに済み、管理職に対する信頼も損なわれません。

本人が休む場合は、児童生徒や保護者にも説明する必要があります。この場合、どう伝えるかは難しいところですが、同僚に対してほど詳しくは伝えず、「体調を崩した」などと伝え、それ以上の質問には「本人のプライバシーなので、お答えできません」と答えるのが一般的だと思います。

ラインケア＝管理職による職場の環境改善と個々人に対するケアは、セルフケアと並び、時にはセルフケア以上に、教職員のメンタルヘルスに寄与します。そして、教職員の良好なメンタルヘルスは、子どもたちへの教育実践に必ずプラスの影響を及ぼします。それだけでなく、実は「他者への貢献」は、自分自身のポジティブなメンタルヘルスにつながることが実証されています。つまり、管理職が教職員へのラインケアを行うことは、自身のメンタルヘルスを良好な状態に保つことにもつながるのです。

こうした好循環が成り立てば、メンタルヘルス不調予防はかなりうまくいくと考えられます。昨今、よく言われる「チームとしての学校」で取り組みを推進する際も、高いパフォーマンスを発揮し、優れた実践につながります。「情けは人の為ならず」を、管理職自身が職員室を起点に実践することで、良い循環が生まれ、ひいては学校全体へとそうした輪が広がることを願っています。

Column 4

提案！
休憩時間を作って対話を増やす

■ ■ ■ ■ ■

以前に文部科学省が行った調査によると、「職場を離れての同僚・先輩とのコミュニケーションがある」教師ほど、ストレスが少ないとの結果が出ています。しかしながら、昨今は仕事とプライベートを分ける傾向があり、どの職場も職員同士のインフォーマルな交流の場は減少傾向にあります。

職員旅行やレクリエーションを復活させるのが現実的に難しくても、例えば職員室に小さなカフェスペースを作ってみるのはいかがでしょうか。机から少し離れてリフレッシュできる場があると、仕事中も多少は気持ちが和みます。もし、カフェスペースがうまく活用され、にぎやかになってきたら、思い切って放課後等に「教師の休み時間」を設定し、皆で一斉に休憩を取るのも良いかもしれません。周囲を気にせず談笑できる時間を作ることで、職場のコミュニケーションが活性化することもあります。会議や打ち合わせとは違った自由な場面での会話が増えれば、お互いに親しみが増し、職場の支え合いが自然とでき上がっていくことでしょう。

第5章

職員室の心の不調「早期発見」のチェックリスト

どんな病気も、何より大切なのは早期発見。それは心の病も同じで初期の段階で適切に対処すれば、早めに良くなったり、こじれずに済むこともあります。そこで、心の不調の早期発見のためのチェックリストを掲載しました。自身の状態をチェックする「セルフケア用」と、周囲の同僚をチェックする「ピアサポート用」の２種類がありますので、活用してみてください。

※このチェックリストは精神疾患を診断するものではありません。特に「ピアサポート用」では、チェックの結果が良好でも職場で見えないところで不調が潜行している場合もあります。どちらもあくまで不調を測る一つの目安として、お考えください。

01 セルフケアのチェックリスト
——自身の心の健康を診断

職場の健康診断で実施される「ストレスチェック」は、ストレス状態を知る上で大変有意義なものなので、ぜひ取り組まれることをお勧めします。しかし、「うっかりして受け損なってしまった」「健診のときは元気だったけど、その後状況が変わってしまった」という人もいるのではないでしょうか。以下のチェックリストは、そんな人のためにご用意したものです。

次の20項目について、自身が当てはまる項目にチェックを入れてみてください。

●セルフケアのチェックリスト（最近1カ月間を振り返って）

【日常生活で】

□夜中に目が覚めて眠れなくなったり、熟睡感がなかったりする。

□頭痛や体の痛み、コリが悪化した。

□食欲が湧かない、または過食してしまう。
□コーヒーやアルコールの摂取量が増えた。
□休日はほとんど寝て過ごす。
□朝、吐き気や腹痛が出たり、下痢しやすい。
□朝、目が覚めても疲れが取れず、体がだるい。
□動悸やめまいが頻繁に起きるようになってきた。

【教育活動で】
□教材研究が面倒くさいと思うようになった。
□週案など、提出物の締め切りに遅れることが増えた。
□採点ミスなど仕事上のうっかりミスが増えた。
□授業に自信が持てなくなってきた。
□職員室の机の上、教室の掲示物などが乱雑になってきた。
□同僚や管理職に反感を覚えることが増えた。
□同僚や管理職が自分をどう思っているのか、気になるようになった。
□児童生徒を、過度に強く叱りつけてしまうことが増えた。

□児童生徒とあまり関わりたくないと思うようになった。
□保護者への連絡が煩わしくなった。
□特定の保護者とのやり取りに負担を感じるようになった。
□自分のしていることが、無意味に感じられるようになった。

☑判　定

いかがでしたでしょう。チェックする中で、自分が意外とストレスを感じていることに気づいた人もいるかもしれません。次の判定結果に基づき、ご自身の心の健康状態を確認してください。

▼チェック数０〜３　心の健康状態＝良好

今のところ、心の健康状態はほぼ良好です。ただし、油断は禁物。心の病は、環境などが変化すると、わずか数カ月でも発症することがあります。今後も、ストレスコントロールに気を配ってください。

▼チェック数４〜10　心の健康＝要注意状態

ややストレスが多く、心の健康が脅かされている状態です。大きな負荷がかかると、抑うつ状態など、病的な状態になる可能性がぐっと高まるので注意が必要です。これ以上の不調に陥らないよう、日頃からストレスコントロールを意識した生活を心がけてください。

▼チェック数11～15　心の健康＝不良状態

ストレス過多で、心の健康が崩れかけた状態です。このまま放置すると危険です。まずは、良質な睡眠を十分取るなど、しっかり休息することを優先させ、ストレスコントロールに取り組んでください。それでも状態が改善しないようならば、相談機関の活用や、場合によっては医療機関への受診も検討しましょう。

▼チェック数16～20　心の健康＝危険水域

非常に危険な状態です。今すぐ、相談機関や医療機関に行き、適切にメンテナンスしましょう。あなたという存在は、自分だけのものではありません。家族、同僚、友人など身近な人のためにも、心の健康を回復させるため、速やかにしかるべき行動を取ってください。

※主な相談先等は、第6章「受診のタイミング　もうダメ、と思う手前で」を参照してください。

02 ピアサポートのためのチェックリスト

――同僚の心の健康を診断

続いて、職場の同僚はどうでしょうか。職員室に気になる先生がいたら、以下の10項目をチェックしてみてください。管理職の先生も、職員の状態把握にお役立てください。

●ピアサポートのためのチェックリスト（最近1カ月間を振り返って）

□遅刻や欠勤、打ち合わせに遅れてくることが増えた。
□日常の会話が減り、雑談をしなくなった。
□表情が乏しくなり、笑わなくなった。
□眉間にしわを寄せていることが多くなった。
□身だしなみが乱れ、清潔感がなくなった。
□仕事の能率が低下し、提出物の遅れなどが目立つようになった。
□採点や評価の間違いなど、うっかりミスが増えた。
□児童生徒や同僚とのトラブルが増えるなど、怒りっぽくなった。

□職員室で居眠りをしていることが増えた。
□机の上が散らかり、整理整頓ができなくなった。

☑判　定

いかがでしたでしょうか。気になる同僚をチェックしてみたら、思いのほか該当する項目が多かった……なんてこともあると思います。次の判定結果に基づき、同僚のストレス状態を確認してください。

▼チェック数0〜1　心の健康状態＝ほぼ良好

今のところはまだ大丈夫。心の健康状態はさほど悪くありません。でも、気にかかるところがあってチェックをしたということは、それ自体、気をつけた方がよいということ。今後もこまめにコミュニケーションを取るなどして、状態に変化がないか見守ってあげてください。

▼チェック数2〜5　心の健康＝要注意状態

ややストレスが強くなっているようで、このままだと不調に陥る可能性があります。困っていることがないか、できれば声かけをしましょう。「大丈夫」との返事があっても、定期的に声かけをするなどして、しばらくは見守ってあげてください。

▼チェック数6〜8　心の健康＝不良状態

うつ状態など、すでに不調に陥っている可能性が高いと思われます。すぐに声かけをし、心配していることを伝えましょう。話を聞いてあげるのもよいのですが、相手が話したがらない場合、無理に聞き出す必要はありません。いずれにしろ、仕事の量・内容を調整するなどして、負荷を減らしてあげるとよいでしょう。また、相談機関や医療機関につなげることも、検討してください。

▼チェック数9〜10　心の健康＝危険水域

非常に危険な状態です。今すぐ、医療機関などにつなげる必要があります。管理職に報告する、本人に受診を強く勧めるなど、すぐにアクションを起こしてください。

※主な相談先等は、第6章「受診のタイミング　もうダメ、と思う手前で」を参照してください。

第6章

受診のタイミング もうダメ、と思う手前で

第５章のチェックリストで危険水準に達していると分かったら、専門医に診てもらいましょう。とはいっても、いざ精神科の門を叩くとなると敷居が高く、一体どんな治療を受けるのかと不安を覚える人もいるでしょう。この章では、どんなときに、どのような相談・医療機関を利用すればよいのかを紹介するとともに、知っておきたい受診時の心構えについても、解説していきます。

01

受診のタイミングと相談・受診先

２０１１年に厚生労働省によって、がん、脳卒中、心筋梗塞、糖尿病と並んで５疾患の一つとされた精神疾患ですが、一部にはいまだに偏見があります。受診する人自身もその例外ではなく、症状が深刻化しても受診に踏み切れない人もいます。しかしながら、「精神疾患」として一くくりにすれば、５疾患中最も患者数が多く、多くの人にとって身近な疾患なのです。

統合失調症を除く精神疾患全般でいえば、一生のうちに病気を経験する人の割合は、およそ５〜６人に１人といわれています。統合失調症にしても、１００〜１２０人に１人ですから、決して罹患する確率は低くありません。特別な疾患ではなく、「誰もが罹患する可能性がある」といっても過言ではない疾病なのです。

１年間のうちにうつ病を経験した人の割合は全国で約３％と推定され、その７割は医療機関を受診していないと考えられています。教師の中にも、「授業に穴を開けてはいけない」「子どもや同僚に迷惑がかかる」「教室を離れると、何が起こるか分からない」「１

日でも休むと、ものすごい量の仕事がたまって取り返せない」等々、不調に陥っても相談・受診をしない人が少なくありません。不調を感じながらも日々の忙しさに紛れ、「まだ大丈夫」と思っているうちに受診のタイミングを逃し、症状を深刻化させる。そんな人が非常に多いのです。

当院へ来る初診の患者さんも、症状のレベルはまちまちです。「うつ病らしい兆候があった」という段階で来る人もいれば、受診時点ですぐに休業するしかない、いわゆる「手遅れ受診」の状態になっている人もいます。学校教員の場合、圧倒的に多いのは後者のケースで、「もう少し早く来てくれていたら……」と思うことが多々あります。というのも、早い（学校に行ける）段階で受診すれば、業務量や分掌の調整など、医療機関と職場の連携の下、職場環境調整を図ることができるからです。そうして、症状の悪化を防いだり、早めの薬物療法で症状が軽くなれば、そのまま仕事を続けられる可能性が高まります。いったん休業すると、職場復帰までに思いのほか時間がかかって苦労することが多く、短期の休業で回復が中途半端なまま復帰すると、ほどなく再休職に陥って復職まで非常に長期間を要するケースも多いのです。

うつ状態で目安となるのは「2週間」です。心の不調を自覚し、疑わしい状態が2週間程度続いたら、なるべく早めに診てもらうことをお勧めします。相談・受診先としては、次のような機関があります。

相談窓口

①電話相談

教育委員会の中には、公立学校教師向けに、電話での相談窓口を設けている所があります。臨床心理士や保健師などの専門職が対応しています。自分が心の病かどうか不安な人、不調を抱えているもののどうすればよいか分からない人、同僚等の心の健康が気がかりだという人は、ひとまず電話をして、状況を話してみるとよいでしょう。電話を通じて受診すべきかどうかや、対応について助言が受けられたり、教育委員会が持つさまざまな制度を説明してもらえることもあります。

②臨床心理士による相談

各都道府県教育委員会では、教師が対面式の「メンタルヘルス相談」が受けられる制度を整えています。相談に対応するのは主に臨床心理士です。ストレスがたまっているものの、「まだ病気とは言えないのではないか……」と悩んでいる人や「職場の人間関係がつらい」と悩んでいる人など、さまざまなストレスや悩みを相談する上で適しています。精神科の受診に抵抗があるという人は、ここで相談してみるのも手でしょう。

③保健所

各地域の保健所では、その地域に在住・在勤する人を対象に、「精神保健相談」を定期的に実施しています。相談に応じるのは、精神科医と保健師です。臨床心理士による相談に比べると、病気が疑われる場合の対応など、医療的な側面が強くなります。①②と同様、精神科の受診に躊躇している場合などに、相談してみるとよいでしょう。

医療機関

①診療科

〔精神科・神経科・精神神経科・メンタルヘルス科〕

これらは名称が違うだけで、すべて同じものです。うつ病や統合失調症、パニック障害など、心の病を専門に扱っています。なお、初診は予約制の所が多いので、事前にホームページ等で確認して電話を入れるとよいでしょう。

〔心療内科〕

身体疾患のうち、ストレスなど心理社会的な要因が発症や経過に密接に影響する、「心身症」を専門に扱っています。

似た名称の科として「神経内科」がありますが、これはパーキンソン病や筋萎縮性側索硬化症、脊髄小脳変性症など、脳・脊髄、末梢神経、筋肉の病気を専門に扱う科で、精神疾患は対象外です。

②クリニック〔診療所〕

入院施設がないか、あっても19床以下の医療機関です。病院に比べると、診療科の種類が限られています。一方で、土日や夜間なども診療している所が多く、働く人にとって受診しやすい利便性があります。クリニックの中には、アルコール依存症専門など、特定の疾患に高い専門性を有している所もあります。また、近年では、うつ病等で仕事を休んだ後の職場復帰を支援する「リワーク・デイケア」などを開設している所も増えてきています。

③総合病院

内科や外科など5科以上の診療科を持つ病院が「総合病院」です。第2章で紹介した「修正型電気けいれん療法」を受けられるのも、多くは総合病院です。また、複数の診療科があることから、例えば内科と精神科の両方で診察してもらうことも可能です。精神科の入院病棟を持つ病院もあり、精神科病院に比べて他の科に近い雰囲気があるので、あまり抵抗感なく入院治療が受けられます。しかし、総合病院における精神科の入院病棟は年々減少傾向にあります。

なお、私が勤務する三楽病院・精神神経科病棟では、2014年から休業中の教師向けに、入院による「リハビリプログラム」を実施しています。バランスの取れた食事と規則正しい生活をベースに、心理テストを含む各種検査、考え方を見直すショートセミナー、体の緊張緩和などのワーク、臨床心理士による面談等を組み込んだプログラムで、教師の復職支援を行っています。

④精神科病院

精神障害の治療に特化して、入院と外来治療を行う病院です。病気の症状が激しく、入院が欠かせない場合にも対応でき、退院後の外来治療まで一貫して診られる強みがあります。精神障害により生活上支障を抱えた人の自立に向けた多種の治療資源や、社会復帰に踏み出す前のリハビリとしてのデイケアなどの機能を持つ所も数多くあります。

02 初診時の流れ

診療の流れは、おおむね次の通りです。初診時には、30分~1時間ほど問診を主とする診察が行われます。その前に「予診」といって、最終的に診察する医師以外のスタッフが、受診に至った経緯を詳しく聞き取る場合もあります。初診では、発症までの経緯、症状、時には生育過程や生活状況などを含めて詳しく把握した上で、当初の治療方針が立てられます。その時、もし「うつ状態」「うつ病」の可能性が高いと考えられれば、抗うつ剤や安定剤などが処方されることになります。

2回目以降の再診は、おおむね数分から10分程度の診療時間で、その後の経過について聞かれます。医師は、初診以降の経過を見る中でその都度病状を把握し、当初の治療方針の是非を検討し、その後の方針を立てつつ、治療にあたっていきます。

03

受診後の心構え
──すぐに効果が現れなくとも焦らない

うつ病の場合を例に、外来治療開始後の流れをお伝えします。

残念ながら投薬治療の効果は、すぐには現れません。抗うつ剤の場合、どんなに早くても数日間はまったく効果が現れず、およそ2週間はかかります。その一方で副作用はすぐに現れます。このため、「薬を飲んだら、かえって具合が悪くなった」ということもあります。

飲み始めて早い時期に出やすい副作用は、「吐き気」や「胃の痛み」などですが、その多くは10日程度で消えます。そのため、あまりにつらい場合は別として、我慢できる程度であれば薬を飲み続けた方がよいでしょう。副作用については医師も留意していますので、体調に変化があったら遠慮せずに報告しましょう。薬に副作用はつきものですが、実際の薬ではなくても、薬だと思って飲んだだけで「副作用」が現れることもありますので、あまり過敏にならない方がよいでしょう。

処方は、20種類以上ある抗うつ剤の中から、副作用に配慮して、合いそうな薬を選んで少量から出します。服用後、副作用が問題なければ徐々に増やし、十分な量になっても効かない場合は、2種類目の薬を試すこととなります。この場合も徐々に量を増やします。それでも効かない場合は、さらに別の薬を試すことになり、こうして適した薬の種類・量が見つかるまでが、治療効果が出るまでの期間ということになります。最終的に症状が改善するまで数カ月かかることもあります。

このように、初診から治療効果が出るまでには、それ相応の時間がかかります。この間、ただ待つのは苦しいので、比較的即効性のある安定剤等を処方し、抗うつ剤が効くまでの「つなぎ」にすることもあります。また、睡眠障害があると回復が阻害されるので、必要に応じて睡眠導入剤も処方します。

薬の効き目にはどうしても個人差があります。残念ながら、どんな薬が効くのか、問題な副作用が出るかどうかは、飲んでみないと分かりません。同じく効果のある「量」についても、個人差があります。通院中、薬の量が増えたり種類が変わることで、「病状が良くないのではないか」「薬をこんなに飲んで大丈夫だろうか」と不安になる人もいますが、薬の量で病気の予後が決まるものではありません。

うつ病は、残念ながら再発率が50％を超える病気です。再発を防止し、安定した日常生活を送る上では、症状が消失した状態である「寛解状態」になること、それを維持し続けることが重要で、薬はそのためのツールの一つとして割り切って使った方がよいのです。症状がなくなった後も、医師が服薬の継続を勧めるのは、良い状態を維持し、再発を防止するためです。

治療を受けている過程で、もし疑問に思うことや気がかりなことがあれば、ためらわず医師に相談してみましょう。それでも疑問や不安を解消できない場合は、別の医療機関に病気や治療について相談する、「セカンドオピニオン」を求めるのもお勧めです。昨今は、「セカンドオピニオン」の意義が広く認められており、申し出たからといって不利益を受けることはありません。

一方で、なかなか良くならないからと焦っていくつもの医療機関を転々とするのは、あまりお勧めできません。精神疾患は、短期間の診療だけでは見えない部分があり、長く経過を診ることで、病状をより正確に把握できる側面があります。治療上の細かな経緯や知見を紹介状にすべて書き込むのは不可能で、通院先を変えるとそれまでの治療過程が十分に生かせず、「振り出しに戻る」ようなことになりかねません。もちろん、通院先の変更が良い結果につながる場合もありますが、たびたび変えるのはやめた方がよいでしょう。

うつ病は、回復段階に入った後も状態に波があることが多く、ある程度良くなった段階でも2～3日程度落ち込むといったことがあります。なかなか一筋縄ではいかない病気との付き合いに、思わずため息が出ることもあるでしょう。しかし、薬もその他の治療法も、進歩し続けています。その時々の状態に合わせて無理をせずに過ごし、病状の変化は月単位くらいで捉えて、日々の生活では一喜一憂せず、焦らず回復を目指していただきたいと思います。

第7章

学校の先生が知っておきたい職場復帰の基礎知識

精神疾患で休業する公立学校の教師の多くは、病気休暇を経て、病気休職に入ります。その間、治療を受けながら職場復帰を目指すわけですが、この章ではその流れについて解説していきたいと思います。

01

「休暇」を経て「休職」となる

疾患のために勤務を休む（休業）必要があると判断された場合、公立学校の教師は通常、まず「病気休暇」を取得します。

「病気休暇」は、「年次休暇（いわゆる年休）」や「特別休暇（結婚休暇や忌引休暇など）」などと同じく、本人の申し出により休みが認められるものです。ただし、休む根拠として医師の診断書が必要です。給料は全額支払われます。この点は、「病気休職」との大きな違いです。

「病気休暇」が取得できる期間は自治体によって異なり、大体3～6カ月となっています。この間に回復して復職できなければ、「病気休職」に入ることになります。

「病気休職」は、公務員としての身分は保障しつつ勤務に従事させない、という分限処分の一種です。休職になると、一定期間は、給料が何割か減額されて支給されますが、所定の期間を超えると無給となります。その後は健康保険法により、共済組合から「傷病手当金／傷病手当金附加金」として、給料の約3分の2が1年6カ月間支給されます。「病気休職」は最長3年間までで、3年以内に復職できない場合は退職を余儀なくされます。復職後再び休業する場合の取り扱いは自治体によって異なり、復職後一定期間勤務できないと前回の休職期間が加算される自治体が多いようです。

02 「復職支援プログラム」の大切さ

治療効果が現れて順調に回復すれば、いよいよ職場復帰が視野に入ります。とはいえ、長く休んだ後、いきなりハードな現場に戻ることはお勧めできません。毎日決まった時間に出勤し、何十人もの子どもたちを相手に授業をするのは、想像以上にエネルギーを消費します。療養生活と学校勤務の違いは大きく、療養に慣れた心身には、ごく普通の業務も過重な負荷となってしまうことがしばしばあります。そうなると、怖いのが再発です。「うつ病」に限らず、「適応障害」でも、原因となったストレス因が職場にある場合、休んで回復したからといってそのまま復帰して同じストレス因にさらされれば、初回より早い時期に不調に陥ります。文部科学省の調査によると、精神疾患で休みを繰り返せば繰り返すほど、勤務できる期間が短くなっているというデータも出ています。

そのため各自治体では、精神疾患で休職中の教師がスムーズに職場復帰を果たせるよう、「復職支援プログラム」を定めています。内容は自治体によって異なり、期間も4週間〜6カ月と幅があります。実施は任意の自治体が多いですが、必須の自治体もあるようです。

ここでは、２０１７年現在の東京都の例を紹介します。東京都の場合は、医療機関での職場復帰訓練と、学校での職場復帰訓練の二つがあります。具体的な内容は、次の通りです。

●医療機関での職場復帰訓練

医療機関での職場復帰訓練は週3回、10人程度のグループで行われます。クリニック等で行われている、いわゆる「リワークデイケア」の教師版です。ここではプログラムの一部を簡単にご紹介します。

「模擬授業」では、教師役の人は授業を実際に行い、それ以外の人たちは児童生徒役として参加します。模擬授業を体験することで「授業をする喜びを思い出した」「授業を受ける立場になって、子どもの気持ちが少し分かった気がした」「教師として学校に戻るイメー

医療機関における職場復帰訓練の例

曜日	月	水	金
午前	運動療法	模擬授業	集団精神療法
午後	各種ワーク	模擬授業・芸術療法	レクリエーション療法

ジができた」などと実感する人が多いようです。

「集団精神療法」では、グループでの話し合いを行います。なぜ病気休職に至ったのか、現状はどうか、不安なことや気になることとは何かなど、これまでの経緯や今後についてを話し合い、自分自身を見つめ直すきっかけとします。ピアカウンセリング的効果もあり、集団の場であることから個人面接とはまた違った形で内省が深まります。

この他にも各種の活動があり、これらのプログラムを通して「同じ境遇の人と出会えて孤独から救われた」「定期的に外出して活動する場を持てて、安心でき、自信が回復した」「ストレスへの対処法が分かった」「不安が解消され、復職への意欲を持てるようになった」などの感想を語る人が数多くいます。

医療機関での職場復帰訓練は、療養に専念していた段階から一歩踏み出した、リハビリとしては初期から中盤までの前半に当たるのに対し、学校での職場復帰訓練はリハビリの中盤から仕上げまでの後半にあたります。これが終了すると、所定の手続きを経て復職になります。

●学校での職場復帰訓練

病気休職からの復帰は、休んだときの所属校に戻る「現校復帰」が原則となっています。そのため、学校での職場復帰訓練も、通常は所属校で行われます。

東京都の場合、2010年に設置された「リワークプラザ東京」が窓口となって、職場復帰を支援しています。具体的には、臨床心理士と元学校管理職経験者から成る「復職アドバイザー」のチームが学校を訪れ、本人と所属校の管理職を交えて話し合い、具体的なプログラムを練り上げます。訓練期間は原則として3カ月。概要は、次ページの表のようになっています。

第1段階では、書類作成補助や物品の整理整頓など、ごく簡単な作業から始めます。この段階では、毎日決まった時間に学校へ来て、何らかの活動をすることに心身を慣らすのが主な目的となります。その後、少しずつ児童生徒と接する機会を増やすなど教師としての業務に体を慣らし、最終段階ではそれまで行ってきたことに加えて単独での授業なども

学校における職場復帰訓練の例

	目標と頻度	プログラム内容
第１段階	職場の雰囲気に慣れる（週３回程度、〜半日）	書類作成補助、物品整理　など
第２段階	授業を視野に入れる（週３〜５日、半日〜）	補助的業務、授業参観、教材研究　など
第３段階	教壇に立つ（毎日、ほぼ全日）	給食・清掃指導、指導案作成、２人または単独での授業など

行います。

初めの頃は、周囲の同僚の仕事内容や時間の流れ方の違い、一人だけ短時間で帰宅することなどに戸惑い、学校に行き始めてむしろ孤独感が強まったり、居づらい気持ちになったりすることもあります。2〜3時間学校にいただけで、想像以上に緊張して疲れを感じたり、単純作業ですら能率が落ちていてミスが多いことに気づく人も少なからずいます。こうした違和感があっても、学校にいることに慣れれば緊張感が薄れ、作業能率も徐々に改善します。あまりがっかりせず、「長く休んだ後には必ず通る道」と割り切って取り組むことが肝要です。

第2段階に入ると、児童生徒との関わりが増えることなどからか、第1段階より元気になる人も結構います。一方で、学校滞在時間が半日から終日に近づき、週当たりの訓練日数が増えていく時期でもあるので、疲労が募って思うように体調が維持できなくなる人もいます。

その意味で、この時期は順調な復帰につながるかどうか、明暗が分かれる一つのポイントといえるかもしれません。

最後の第3段階は仕上げの時期で、毎日ほぼ終日、学校にいることになります。ただし、休職中なので、相当頑張って取り組んだ場合でも、復職後の正規の勤務に比べれば、かなり少なめの活動量になります。正式復職後は責任も課されますので、心身への負荷は訓練中とは比べものにならないほど大きくなります。

この間、復職アドバイザーのチームは複数回学校を訪れ、訓練の進行を支援し、本人と職場をサポートします。訓練中は、本人と管理職との立場の違いから、互いの認識にずれが生じてしまうこともあります。あるいは、双方が訓練目標を見失い、あたかも新たなスタッフが加わったかのようにやり過ぎたり、逆にお客様扱いをしてやらなさ過ぎたりといったこともあります。復職アドバイザーは、そうした行き違いの調整役も担っています。

復職支援プログラムの内容は都道府県によって異なり、中には学校での訓練のみ4週間、という自治体もあります。その場合、療養生活の後半には自発的に活動を増やすなどしてプログラム開始に備え、開始時期を慎重に見極めることが望ましいでしょう。

なお、復職時期の妥当性を判断する一助として、「SASS（社会適応自己評価尺度）」と呼ばれるチェックリストがあります。学術的にも信頼性と妥当性が検証されているものですので、参考までに掲載しておきます（228〜229ページ参照）。

03 周囲に求められる心構え

職場復帰がスムーズに進むかどうかは、受け入れる側の学校のあり方によって、大きく変わってきます。職場環境が厳しいものであれば、復職後の再発防止はおろか、職場復帰そのものも危ぶまれることになります。

学校現場は教職員のみで構成されておらず、児童生徒や保護者、時には地域住民など外部の人たちが、むしろ主役となって関与する場です。ラインケアが手厚くなされていて、同僚間の支え合いが十分に機能していても、それだけでは職場の人的環境を完全にコントロールできない、各種ケアの限界が多い職場でもあります。と同時に、ラインケアや職場の人間関係が、「最後の砦」としての機能を期待されている職場だともいえます。

12	あなたの周りの人たちはどのくらい頻繁にあなたとのコミュニケーションを求めますか	3	大変頻繁に求める
		2	頻繁に求める
		1	まれにしか求めない
		0	全く求めない
13	あなたは社会のルールや礼儀や礼節を守りますか	3	いつも守る
		2	だいたい守る
		1	まれにしか守らない
		0	全く守らない
14	あなたは（教会やクラブなど）地域社会の生活にどのくらい参加していますか	3	全面的に参加している
		2	まあまあ参加している
		1	少ししか参加していない
		0	全く参加していない
15	あなたは物事や状況や人をよりよく理解するために、それらに関する情報を集めるのが好きですか	3	大変好きである
		2	まあまあ好きである
		1	それほど好きではない
		0	嫌いである
16	あなたは科学や技術や文化に関する情報に興味がありますか	3	大変興味がある
		2	まあまあ興味がある
		1	少し興味がある
		0	全く興味がない
17	あなたは自分の意見を述べるときに、どのくらい頻繁に困難さを感じますか	0	いつも感じる
		1	しばしば感じる
		2	時々感じる
		3	全く感じない
18	あなたはどのくらい頻繁に、周囲から受け入れられていない、または疎外されていると感じますか	0	いつも感じる
		1	しばしば感じる
		2	時々感じる
		3	全く感じない
19	あなたは自分の身体的外見をどのくらい気にしていますか	0	大変気にしている
		1	気にしている
		2	それほど気にしていない
		3	全く気にしていない
20	あなたは財産や収入の管理に対してどのくらい頻繁に困難を感じますか	0	いつも感じる
		1	しばしば感じる
		2	時々感じる
		3	全く感じない
21	あなたは周りの環境をあなたの思うままに、また必要に応じて調整することができると感じますか	3	よくできると感じる
		2	まあまあできると感じる
		1	そんなにできるとは感じない
		0	全くできないと感じる

※産業医科大学精神医学教室、国立神経・神経センター武蔵病院

SASS（社会適応自己評価尺度）日本語版
【35点以上が「職場復帰可」の目安】

1	（今、仕事している人は）今の仕事に興味がありますか	3	大変興味がある
		2	まあまあ興味がある
2	（今、仕事をしていない人は）家事に興味がありますか	1	少し興味がある
		0	全く興味がない
3	あなたは今の仕事や家事を楽しんでしていますか	3	大変楽しい
		2	まあまあ楽しい
		1	少し楽しい
		0	全く楽しくない
4	あなたは趣味・余暇に興味がありますか	3	大変興味がある
		2	まあまあ興味がある
		1	少し興味がある
		0	全く興味がない
5	あなたの余暇は充実していますか	3	大変充実している
		2	まあまあ充実している
		1	少し充実している
		0	全く充実していない
6	あなたはどのくらい頻繁に家族（配偶者、子ども、両親など）とコミュニケーションをとりますか	3	大変頻繁にとる
		2	まあまあ頻繁にとる
		1	まれにしかとらない
		0	全くとらない
7	あなたの家族関係は良いですか	3	大変良い
		2	良い
		1	まあまあ良い
		0	悪い
8	家族以外であなたが親しくしている人はどれぐらいいますか	3	大勢いる
		2	何人かいる
		1	少しいる
		0	1人もいない
9	あなたは他人との関係を積極的に築こうとしていますか	3	大変積極的に築こうとする
		2	積極的に築こうとする
		1	それなりに築こうとする
		0	ほとんど築こうとしない
10	全体として、あなたと他人との関係は良いですか	3	大変良い
		2	良い
		1	まあまあ良い
		0	悪い
11	あなたは他人との関係にどのくらい価値をおいていますか	3	大変重視している
		2	重視している
		1	少し重視している
		0	全く重視していない

実際に、復職に際して、あるいは復職後の再発防止に当たって、職場の人間関係、特に管理職の理解と協力の有無は大きな影響を及ぼします。管理職の理解が乏しかったために、病み上がりの教師が自信をなくし、復帰を断念するケースもあります。それとは逆に、復帰可否の判断に迷うような事例が、管理職の理解と協力の下、円滑に復帰を果たすこともあります。

ひとたび復帰すれば、組織の一員として、必要な業務をこなさなければなりません。しかしながら、復帰できるレベルに達したとはいえ、病み上がりの状態ゆえのストレスへの脆弱性もあり、以前ほどの仕事量はこなせないこともあります。そのため、再発防止の観点から、過度な負荷を防ぐ配慮が必要です。しかし、復職者への配慮は、他の教職員の負担増につながる側面もあり、周囲にかかる負荷の調整も現場では必要になります。精神疾患は、本人にも病気にもそれぞれ個性があり、回復までにたどる経過も個人のウイークポイントや強みも多種多様です。同様に、学校現場にも個性があります。本人と現場の状況を勘案して、管理職には他の教職員に理解を求め、負担増をうまく調整しながらバランス良く運営していくマネジメント力が求められます。

復帰後1年、2年と年数を重ねることで、病前のパフォーマンスを徐々に取り戻していく人もいます。復職当初の業務をやや軽めに調整することで本人の再ダウンを避けられれば、現場が再び混乱することも防げ、有為な人材が再度現場で活躍する道が開けるのです。

学校の場合、4月に復職する人が多いのですが、この時期は1年でも最も多忙な時期なので注意が必要です。注意したいタイミングとしては復職から「2週間以内」「1カ月後（4月復帰であれば5月初め）」「夏休み終了時」「1年後（3月頃）」が挙げられます。その他、行事準備で多忙な時期と行事終了直後、成績処理の前後なども気をつけたいポイントです。「ほぼ1年中ではないか」との声が聞こえそうですが、これらの時期は復帰した人の再発に限らず、不調に陥る人が多い時期でもあります。意識的に目配りし、気になるときは声かけをするなどして悪化の未然防止に努めましょう。

●「投薬」への理解

職場復帰訓練中の教師が、抗うつ剤などの薬を飲んでいるのを見て、「まだ薬をやめられないのか」「薬に頼っているようではダメだ」と薬の中止を勧める人が時々います。しかし、第6章でも書きましたが、精神疾患では回復してからも、病気の再燃や再発防止のために、維持療法として服薬を続けることがあります。躁うつ病（双極性障害）等のように、ずっと服薬を続けるべき疾患もあります。

本人に「薬をやめたい」との気持ちがあっても、医師の指示の下、病気と闘うために飲み続けざるを得ない場合もあるのです。身体の病気と同じで、薬をやめないと仕事ができないわけでもありません。むしろ薬の中断により、数カ月以内に再発してしまうケースもあります。

薬を飲んでいるかどうかより、現場で元気に働けているか、普段と違う様子はないかなど、本人の様子を見守り、気になることがあれば声をかけ、本人の話に耳を傾けるなどの方が、職場の関わりとしてはありがたいものです。同様に「職場に復帰したらもう病院に行く必要はない」というケースばかりでもありません。

病気や本人にもよりますが、時には「勝手に治療を中断していないか」を確認してもらった方が望ましい場合もあります。安全配慮の観点から再発防止を念頭に置いて、本人を見守っていただきたいと思います。

おわりに

本書は、2013年5月から2017年3月までの4年間、時事通信社『内外教育』に隔月連載した「先生の心のカルテから」を大幅に加筆・改変する形で生まれました。連載が終わって一息ついた頃、急に持ち上がった単行本化の話に当初は戸惑いましたが、それまで2カ月に1回訪れていた締め切りの緊張感がなくなってぼんやりしていた時期だったこともあり、取り組んでみることにしました。

執筆を進めてみると、情報を正確に読みやすく表現するのは思いのほか難しく、力不足を痛感させられました。また、伝えたいことが予想以上に多く、当初の予定より大幅に分量が増えてしまいました。それでも、書ききれなかったと思うところもあります。

以前、「教師の大変さが言われるけれども、いくら言われても現役の教師にはちっとも良いことがない。それより、教師を志そうとする若い人が二の足を踏んでしまい、志望する人が減っては、むしろマイナスだ」という声を人づてに聞き、はっとさせられたことがあります。それまでは、教師の置かれた困難な状況を広く知ってもらうことが、状況の改善につながるとばかり考えていました。しかし、ことはそう単純ではないことに気づかされたのです。

疲れ切った教師が訪れる精神科診療の立場からの発信は、どうしても教職に伴うつらい面、苦しい思い、理不尽な状況などに焦点を当てることが多くなり、必然的にネガティブなイメージを助長しがちになります。しかし、前述の声を聴いてからは、原稿や講演などではできる限り、「大変ではあっても、他の職では得られないやりがいや普遍的な価値がある」と教職の魅力について触れ、かつ、ストレスの軽減に役立ちそうな内容を盛り込むよう心掛けてきました。

今回の書籍化にあたり、メンタルヘルス不調防止の一助としてストレスマネジメントに多くの紙幅を割いたのも、同じ理由からです。一人でも多くの方が、本書を参考に日頃からセルフケアを心掛け、不調を未然に防止していただければと願っています。

しかしながら、現実にはストレスコントロールの良否にかかわらず、うつ病を含めたすべての精神疾患の発症を予防するのは不可能です。そこで本書には、病気のこと、不調に陥った場合の本人と周囲の対応策についても載せました。

三楽病院と東京都教職員総合健康センターでは、教職員のメンタルヘルスについて、予防から治療、リハビリまで一貫して取り組んでいます。本書には、こうした日々の実践を通じて得られた経験知をもとにした内容を、多く盛り込みました。何か困ったとき、気になることがあったとき、気軽にページをめくれば何かしらヒントが見つかるような本になることを目標にしました。精神医学の学問的見地からすれば雑駁な点もありますが、あくまで学術的なものではなく、日々の臨床での実感を綴ったものとしてご寛恕願いたいと思います。

最後になりましたが、本書が出来上がったのは、まず第一にこれまで出会った患者さん、交流を重ねた現役教師、あるいは元教師の方々のおかげです。皆様に謝意を表したいと思います。また、『内外教育』での連載開始当時から長期間お世話になりました島内眞人様、単行本化の企画に始まり、本書の執筆がなかなか進まない中、根気よく励ましていただくなど、本の誕生に際し一方ならぬお世話になった編集の佐藤明彦様に、謝意を表します。そして、三楽病院と東京都教職員健康センターで日々診療や教師の支援に共に当たっている同僚諸氏、および関係の皆様にも、感謝したいと思います。

２０１８年３月

真金 薫子

【著者紹介】
真金 薫子（まがね・かおるこ）

東京都教職員互助会 三楽病院 精神神経科部長

東京医科歯科大学医学部卒業。大学病院、民間精神科病院等での勤務を経て、1998年より東京都教職員互助会三楽病院精神神経科勤務。2007年より同部長。2011～12年、文部科学省「教職員のメンタルヘルス対策検討会議」委員。2016年より東京都教職員総合健康センター長。東京都教育庁委嘱医。東京医科歯科大学臨床教授。

著書等：『Q&A学校災害対応ハンドブック』（共著、ぎょうせい）、『教職員のための最新メンタルヘルス・アドバイス』（監修、社会保険出版社）、『学校メンタルヘルスハンドブック』（共著、大修館書店）、『教員のためのメンタルヘルス［DVD］（全3巻）』（監修、日本経済新聞出版社）など

月曜日《げつようび》がつらい先生《せんせい》たちへ
――不安《ふあん》が消《き》えるストレスマネジメント

2018年4月15日　初版発行

著　　者　真金 薫子
発 行 者　松永　努
発 行 所　株式会社時事通信出版局
発　　売　株式会社時事通信社
〒104-8178　東京都中央区銀座5-15-8
電話03(5565)2155　http://book.jiji.com

印刷／製本　中央精版印刷株式会社

ISBN978-4-7887-1548-6　C0037　Printed in Japan